Anselm Grün

Zeit der Erfüllung

Anselm Grün

Zeit der Erfüllung

Ein Begleiter für
Advent und Weihnachten

Vier-Türme-Verlag

Bibliographische Information der Deutschen Nationalbibliothek

Die Deutsche Nationalbibliothek verzeichnet diese Publikation in der Deutschen Nationalbibliographie. Detaillierte bibliographische Daten sind im Internet über http://dnb.d-nb.de abrufbar.

FSC
www.fsc.org
MIX
Papier aus verantwortungsvollen Quellen
FSC® C014889

1. Auflage 2012

Lektorat: Dr. Thomas H. Böhm
Umschlaggestaltung: P.S. Petry & Schwamb, Freiburg
Umschlagfoto: Photocase.com / manun
Druck und Bindung: Friedrich Pustet KG, Regensburg
ISBN 978-3-89680-811-0

www.vier-tuerme-verlag.de

INHALT

Vorwort

Advent und Weihnachten laden uns ein, uns immer wieder neu Gedanken über das Geheimnis dieser Zeit zu machen. Viele Menschen spüren in diesen Wochen, wie eine tiefe Sehnsucht in ihnen hochkommt, dieses Fest so zu feiern, dass es sie wirklich berührt und verwandelt. Und zugleich sind viele unfähig, die Geheimnisse dieser Zeit zu verstehen und in ihr Leben umzusetzen. Sie sehnen sich nach Stille und kommen doch nicht zur Ruhe. Sie möchten von den Adventsliedern und Weihnachtsliedern angesprochen werden. Aber die Texte und Melodien bleiben an der Oberfläche. Sie möchten die Texte der Liturgie so hören, dass sie ihr Herz berühren. Aber sie gehen an ihnen vorbei.

So möchte ich in diesem Weihnachtsbuch Hilfen anbieten, die Adventszeit intensiver zu erleben und das Geheimnis von Weihnachten besser zu verstehen. Das folgende Buch hat dabei zwei Teile: einen Teil für den Advent und einen weiteren Teil für die Weihnachtszeit.

In der Adventszeit habe ich mich für die O-Antiphonen entschieden. Diese Antiphonen zu den letzten sieben Adventstagen vor dem Heiligen Abend bewegen mich Jahr für Jahr. Und so habe ich diese Texte meditiert, dass Sie, liebe Leserin, lieber Leser, diese wunderbaren altehrwürdigen Antiphonen verstehen und in ihnen das Geheimnis des Advents erahnen. Dabei habe ich für jede Adventswoche zwei Antiphonen betrachtet und jeweils konkrete Anregungen gegeben, wie Sie mit Ritualen und Übungen die Aussagen der Antiphonen in Ihr eigenes Leben übersetzen können.

Für das Weihnachtsfest habe ich versucht, die biblischen Texte auszulegen, die von Weihnachten sprechen. Wir hören diese Texte an Weihnachten. Aber manchmal bleiben sie uns fremd. So ist es gut, die biblischen Texte auf ihre Aussagen auf Weihnachten hin zu befragen. Dabei geht es nicht nur um die drei Evangelien – Matthäus, Lukas und Johannes –, die von Weihnachten schreiben. Ich schaue auch auf die Aussagen der Briefliteratur, die uns im Titusbrief und im Hebräerbrief begegnen, aus denen am Weihnachtsfest gelesen wird. An den Weihnachtstagen haben viele Menschen Zeit, etwas zu lesen. So ist es sinnvoll, die Texte, die man an Weihnachten gehört hat, auf ihre eigentlichen Aussagen hin zu lesen und zu meditieren.

So wünsche ich Ihnen, liebe Leserin, lieber Leser, eine gesegnete Advents- und Weihnachtszeit. Ich wünsche Ihnen, dass die Texte Sie berühren und Christus in Ihr Herz bringen, damit er in Ihnen geboren wird und so Ihr Leben erneuert, erhellt und heilt.

Anselm Grün

TEIL 1

Adventszeit:

Die Botschaft der O-Antiphonen

Die O-Antiphonen

Sich im Singen Christus einbilden

Seit dem 7. Jahrhundert werden in den letzten sieben Tagen vor Weihnachten in der Vesper – dem Abendgebet – die sogenannten O-Antiphonen gesungen. Sie beginnen jeweils mit der Anrede »O«.

Die O-Antiphonen, die vor dem Lobgesang Mariens – dem Magnifikat – gesungen werden, sind Gesänge voller Sehnsucht. In ihnen besingen wir geheimnisvolle Bilder. Seit jeher haben diese Antiphonen die Herzen der Mönche berührt, aber auch viele andere Menschen, die sich in diese wunderbaren Worte und Melodien vertieft haben.

Die O-Antiphonen benennen Gott mit verschiedenen Eigenschaften und Bildern, die dem Alten Testament entnommen sind. Diese Bilder gelten ursprünglich Gott, aber sie wurden von den Antiphonen immer schon auf Jesus Christus bezogen. Sie sagen etwas über das Geheimnis Gottes, aber auch über das Geheimnis Jesu Christi. In den O-Antiphonen wird die Kunst sichtbar, die alttestamentlichen Texte als Bilder für das Kommen Jesu Christi in die Welt zu deuten und das Geheimnis der Erlösung, die in Jesus Christus geschehen ist, in den alten Bildern zum Vorschein zu bringen.

Bilder öffnen ein Fenster, durch das hindurch wir bisher Verborgenes sehen können. Und Bilder wollen sich in unsere Seele einbilden und uns von innen heraus verwandeln. Die Bilder der O-Antiphonen wollen uns mehr und mehr Christus einbilden, damit wir – wie Meister Eckehart, der spätmittelalterliche Mystiker, es einmal sagte – Christus auch ausbilden, damit Christus durch unser Denken, Sprechen und Handeln in dieser Welt hörbar und sichtbar wird.

Nach den Bildern, die uns das Geheimnis Gottes und seines menschgewordenen Sohnes erschließen, beschreiben die O-Antiphonen auch Gottes Handeln. Auch das Handeln Gottes drücken sie mit Worten und Bildern des Alten Testaments aus.

Und jede O-Antiphon schließt dann mit einem sehnsuchtsvollen Ruf: »Komm«. Mit diesem Ruf nach dem Kommen Gottes in Jesus Christus verbindet die Antiphon zugleich eine Bitte. Diese Bitten entsprechen sieben Ursehnsüchten des Menschen. Wenn Gott in Jesus Christus kommt, dann soll er uns befreien, erlösen, heilen und erhellen. All das, was wir in der Tiefe unserer Seele ersehnen, möge Gott an uns vollbringen.

Die O-Antiphonen werden in einer besonderen Weise gesungen. Sie erklingen im zweiten Ton, der in der Tradition der Ton der jungen Frauen ist. Hier ist es ein sehnsuchtsvoller Ton, der in seiner Melodie die Sänger bis an die äußerste Grenze führt, um dann im innigen Ruf nach dem Kommen des Herrn zu enden.

Der Kantor in unserer Abtei Münsterschwarzach, der mich noch im Noviziat im Gregorianischen Choral unterrichtet hat, erzählte einmal: Die ersten Mönche der im Jahr 1913 wiederbesiedelten Abtei hatten noch nicht viel Ahnung von den Feinheiten des Chorals. Sie mussten sich erst einmal dem äußeren Aufbau der Abtei widmen. Doch die O-Antiphonen an den letzten Tagen des Advents sangen sie mit besonderer Inbrunst. Und sie vermittelten den jungen Mönchen damals, dass man diese Antiphonen besonders langsam und feierlich singen solle.

Bei uns heute läutet zu den O-Antiphonen die große Glocke der Abteikirche, um das Geheimnisvolle dieser Gesänge anzudeuten. Und die O-Antiphonen werden der Reihe nach gesungen. Am 17. Dezember stimmt der Abt die erste Antiphon an, am 18. Dezember der Prior die zweite, und dann kommt der älteste Pater und der nächstältere und so weiter. Es ist eine Ehre, diese Antiphon anzustimmen. Die Vesper an den entsprechenden Tagen wird dann auch in liturgischen Gewändern gefeiert. Und zum Magnifikat wird der Altar mit Weihrauch inszensiert.

Ich spüre jedes Jahr, wie geheimnisvoll mich die O-Antiphonen berühren. Sie rühren an meine adventliche Sehnsucht. Das, was der Advent meint, kommt in ihnen zum Ausdruck.

So möchte ich in diesem Buch die O-Antiphonen meditieren, zunächst einmal für mich selbst, damit ich sie bewusster singe und immer tiefer verstehe. Aber ich möchte die O-Antiphonen auch so betrachten, dass Sie, liebe Leser und Leserinnen, davon angesprochen werden, dass Sie in diesen Worten dem Geheimnis des Advents nachspüren können.

Die O-Antiphonen werden vom 17. bis 23. Dezember gesungen. Ich möchte sie aber so auslegen, dass sie uns die ganze Adventszeit hindurch begleiten und uns den Sinn des Advents auslegen. Deshalb möchte ich für jede Woche je zwei Antiphonen und in der letzten Woche eine Antiphon meditieren. Die Texte und Bilder mögen uns dann jeweils in der Adventswoche begleiten und uns das Geheimnis des Advents erschließen. Anregungen für die Woche schließen dann die jeweilige Adventswoche ab.

Es gibt sieben O-Antiphonen. Die Liturgie liebt die Siebenzahl. Es gibt sieben Sakramente, sieben Gaben des Heiligen Geistes, sieben Tröstungen und die sieben Tage der Woche. Sieben ist die Zahl der Verwandlung. So steckt in der Siebenzahl der O-Antiphonen die Sehnsucht, dass unser Leben durch das Kommen Jesu Christi verwandelt wird und dass wir mehr und mehr von seinem Geist durchdrungen werden. Die Verwandlung des Menschen, die in den sieben Sakramenten vollzogen wird, soll auch durch die sieben Antiphonen geschehen. Durch das Singen dieser geheimnisvollen Worte und Bilder soll sich das Bild Jesu Christi, des Heilands und Erlösers, immer tiefer in uns einprägen.

Die Adventszeit ist nicht nur von der Bitte geprägt, dass Jesus endgültig wiederkehren möge, um die ganze Welt in sein Reich heimzuholen und das Ende der Welt zu vollziehen. Vielmehr geht es auch um die Bitte, dass Jesus in jedem Augenblick zu uns kommt, um in uns einzutreten und uns mit seinem Geist zu erfüllen.

Das Singen der O-Antiphonen ist der konkrete Ort, an dem Christus an unserem Herzen anklopft, um bei uns einzutreten. Im Singen kommt er zu uns. Wenn wir diese Antiphonen singen, müssen wir gar nicht alles glauben, was wir singen. Im Singen geschieht schon Glauben. Im Singen dringt Christus schon in uns ein. Es liegt nur an uns, ihn beim Singen einzulassen. Das Bedenken der Worte und Bilder will uns dafür bereit machen, Christus selbst in uns eintreten zu lassen.

Advent zielt auf die Ankunft Christi – in jedem Augenblick. Advent meint aber auch die endgültige Wiederkunft Christi. Doch dieses endgültige Kommen geschieht nicht am Ende der Welt, sondern im Tod jedes Einzelnen. Im Tod kommt die Welt für uns zu Ende. Im Tod kommt Jesus endgültig zu uns, um uns für immer mit seinem Geist zu durchdringen und zu verwandeln. Er möchte uns ganz und gar in jenes einmalige Bild verwandeln, das Gott sich von jedem von uns gemacht hat.

Im Singen der O-Antiphonen geschieht schon etwas von dieser Verwandlung. Im Singen bilden sich die Bilder von Jesus Christus in uns ein. Die Bilder »bilden« uns, sie formen und gestalten uns mehr und mehr nach dem Bild Jesu Christi.

Die Kirchenväter haben das Wort aus dem Buch Genesis in diesem Sinn gedeutet:

> *»Gott sprach: Lasst uns Menschen machen als unser Abbild, uns ähnlich.« (Genesis 1,26)*

Wir alle sind Bild – Ikone – Gottes. Unsere Aufgabe ist es, diesem einmaligen Bild Gottes immer ähnlicher zu werden. Dann werden wir zu dem Menschen, den Gott sich vorgestellt hat.

Indem wir von den Bildern Jesu in den O-Antiphonen singen, bilden sich diese Bilder immer tiefer in uns ein, damit wir mehr und mehr dem Bild Christi und dem einmaligen Bild Gottes in jedem von uns ähnlich werden.

Ein wöchentliches Ritual in der Adventszeit

In vielen Familien ist es üblich, sich im Advent am Samstagabend – dem Vorabend des jeweiligen Adventssonntags – um den Adventskranz zu setzen, die jeweiligen Kerzen anzuzünden und dazu ein Adventslied zu singen. Ein gutes Ritual für die Adventszeit wäre, dieses Anzünden der Kerzen auf dem Adventskranz jeweils mit dem Vorlesen oder – wenn es möglich ist – mit dem Singen der O-Antiphonen zu verbinden.

Die Symbolik des Adventskranzes wird in den O-Antiphonen in sprachliche Bilder gefasst. Es ist gut, sich erst einmal über die Bedeutung des Adventskranzes Gedanken zu machen, bevor wir uns den O-Antiphonen zuwenden Denn der Adventskranz ist nicht nur äußerlicher Schmuck. In ihm steckt eine tiefere Bedeutung.

In der Antike war der Kranz ein Siegeskranz. Der Adventskranz verheißt uns somit, dass unser Leben gelingen wird. Die runde Form des Kranzes zeigt, dass unsere innere Zerrissenheit zusammengefügt und dass das Kantige und Brüchige in uns abgerundet wird. Und der Kranz ist die Verheißung, dass die Familie, die manchmal auseinanderzufallen droht, um das Licht geeint wird, das wir auf dem Adventskranz anzünden und das in uns allen leuchtet.

Die Bibel spricht oft vom Kranz. Ich möchte mich auf einige neutestamentliche Stellen beschränken. Der heilige Paulus etwa vergleicht unser Leben mit dem eines Wettkämpfers, der enthaltsam lebt, um den Siegeskranz zu erlangen:

»Jene tun dies, um einen vergänglichen, wir aber, um einen unvergänglichen Siegeskranz zu gewinnen.«
(1 Korinther 9,25)

Der Adventskranz verweist uns auf den Siegeskranz, der durch den Tod nicht verwelkt, sondern der ewig bleibt, weil Gott selbst ihn uns auf das Haupt setzt.

Der Zweite Timotheusbrief greift dieses Bild auf:

»Schon jetzt liegt für mich der Kranz der Gerechtigkeit bereit, den mir der Herr, der gerechte Richter, an jenem Tag geben wird, aber nicht nur mir, sondern allen, die sehnsüchtig auf sein Erscheinen warten.« (2 Timotheus 4,8)

Dies ist ein adventlicher Text: Wir alle erwarten in der Adventszeit sehnsüchtig das Erscheinen Jesu Christi – nicht nur am Ende der Welt, sondern jetzt schon. Wenn Jesus jetzt in mein Herz eintritt, dann setzt er mir den Kranz der Gerechtigkeit auf, dann wird alles in mir zurechtgerückt, dann wird alles richtig und gerecht. So werde ich meinem Wesen gerecht – und ich kann aufrecht und aufrichtig leben.

Adventlich klingt auch die Zusage, die der Erste Petrusbrief seinen Lesern und Leserinnen gibt:

»Wenn der oberste Hirt erscheint, werdet ihr den nie verwelkenden Kranz der Herrlichkeit empfangen.«
(1 Petrus 5,4)

Der Adventskranz weist auf das Kommen Jesu hin. Im Tod jedes Menschen begegnet uns nicht das Grauen, sondern der oberste Hirte, der Hirte, der uns schon hier auf die Weide geführt hat. Es ist der gute Hirte Jesus Christus selbst. Und er wird uns einen Kranz der Herrlichkeit aufsetzen, der nicht verwelkt. Dies ist nicht nur ein Kranz der Gerechtigkeit, sondern auch der Herrlichkeit. Dieser Kranz zeigt uns die Schönheit des ursprünglichen Bildes auf, das Gott sich von jedem von uns gemacht hat. Deren Herrlichkeit wird uns im Tod nicht genommen, sondern erstrahlt dann in ihrem wahren Glanz.

Der Jakobusbrief stellt den Kranz in unseren Alltag hinein. Es gilt, uns im Alltag zu bewähren. Der Kranz ist die Verheißung, dass wir in den Gefährdungen des Alltags uns selbst nicht verlieren, sondern standhalten:

»Glücklich der Mann, der in der Versuchung standhält.
Denn wenn er sich bewährt, wird er den Kranz des Lebens erhalten, der denen verheißen ist, die Gott lieben.«
(Jakobusbrief 1,12)

Der Kranz des Lebens ist uns jetzt schon verheißen. Die Bedingung dafür ist, der alltäglichen Versuchung standzuhalten und Gott zu lieben. Der Mensch, der Gott liebt, bekommt jetzt schon diesen Kranz des Lebens aufgesetzt. Er erfährt, was wirkliches Leben ist – es ist glücklicher als das Leben derer, die nur nach außen hin glänzen.

Besonders oft kommt das Bild des Kranzes in der Offenbarung des Johannes vor. Der Seher mahnt uns, treu bis zum Tod zu sein.

»Dann werde ich dir den Kranz des Lebens geben.«
(Offenbarung 2,10)

Die 24 Ältesten, die vor dem Throne Gottes stehen, tragen goldene Kränze auf ihrem Haupt. (Vgl. Offenbarung 4,4) Sie verweisen uns auf die Herrlichkeit, die auch uns im Tod erwartet.

Der Kranz verweist uns auch auf Maria und auf Jesus. Die Liturgie hat die Stelle aus der Offenbarung auf Maria hin gedeutet:

> *»Dann erschien ein großes Zeichen am Himmel: eine Frau, mit der Sonne bekleidet; der Mond war unter ihren Füßen und ein Kranz von zwölf Sternen auf ihrem Haupt.«*
> *(Offenbarung 12,1)*

Die Beschreibung gilt aber auch für uns, wenn wir uns wie Maria im Glauben ganz auf Gott einlassen.

Jesus selbst hat einen goldenen Kranz auf:

> *»Auf der Wolke thronte einer, der wie ein Menschensohn aussah. Er trug einen goldenen Kranz auf dem Haupt.«*
> *(Offenbarung 14,14)*

Wenn Christus in uns wohnt – wenn wir ihn etwa in der Kommunion empfangen oder wenn wir uns in der Meditation vorstellen, dass er in uns ist –, dann tragen wir mit ihm schon einen goldenen Kranz. Und dieser Kranz zeigt uns, dass niemand über uns herrscht, sondern dass wir in Christus wahrhaft zu freien Menschen geworden sind. Wenn wir den Adventskranz im Licht dieser biblischen Texte betrachten, dann kann er unseren Glauben stärken. Im Glauben tragen wir schon jetzt einen Kranz. Im Glauben vertrauen wir darauf, dass unser Leben gelingt und dass auch unser Miteinander in der Familie segensreich ist.

Am Samstagabend – dem Vorabend des jeweiligen Adventssonntags – wird jeweils eine Kerze mehr am Adventskranz angezündet. Dabei sollten wir uns auch über die Symbolik der verschiedenen Kerzen Gedanken machen. Die Kerzen haben ihre je eigene Bedeutung:

Die ***erste Kerze*** drückt unsere Sehnsucht nach Einheit aus. Ich sehne mich danach, mit mir selbst eins zu sein: einverstanden mit meiner Lebensgeschichte, aber auch eins mit Gott zu sein.

Die ***zweite Kerze*** verweist auf die Polarität: auf die Gegensätze zwischen Mann und Frau, zwischen Jung und Alt oder zwischen Licht und Dunkel. Alle Gegensätze in mir sollen erleuchtet werden, aber auch die Gegensätze in unserer Familie sollen vom Licht Christi erfüllt werden. Dann entzweien uns die Gegensätze nicht, wie es in vielen Familien geschieht. Wenn alle Gegensätze vom Licht erleuchtet sind, dann verstärken sie das Licht für uns alle.

Die ***dritte Kerze*** symbolisiert die Dreiheit. Wir haben in uns drei Bereiche: Leib, Seele und Geist – oder Kopf, Herz und Bauch. Alle drei Bereiche in uns sollen vom Licht Christi erhellt werden. Dann erfüllt sich die Verheißung, die uns Jesus im Lukasevangelium gegeben hat:

> *»Wenn dein ganzer Körper von Licht erfüllt und nichts Finsteres in ihm ist, dann wird er so hell sein, wie wenn die Lampe dich mit ihrem Schein beleuchtet.« (Lukas 11,36)*

Dann werden wir selbst zu einem Licht für andere Menschen.

Die ***vierte Kerze*** verweist auf das Irdische und auf den Alltag. Vier steht für die vier Elemente, also für das Irdische, das Weltliche, das Alltägliche. Unser Alltag mit seinen oft banalen Tätigkeiten soll vom Licht Christi erleuchtet werden. Wenn unser Alltag Christi Licht widerspiegelt, dann wird das Licht in unserem Haus immer heller. Alles wird nach und nach von seinem Licht erhellt.

Das ist die Verheißung des Adventskranzes, bis wir dann an Weihnachten das Licht feiern, das in dem Kind in der Krippe aufleuchtet. Von ihm sagt der Evangelist Johannes:

> *»Das wahre Licht, das jeden Menschen erleuchtet, kam in die Welt ... Und das Wort ist Fleisch geworden und hat unter uns gewohnt. Und wir haben seine Herrlichkeit gesehen, die Herrlichkeit des einzigen Sohnes vom Vater, voll Gnade und Wahrheit.« (Johannes 1,9.14)*

Der Adventskranz und seine vier Kerzen drücken das aus, was in den sieben O-Antiphonen bildhaft entfaltet wird. So möchte ich die Auslegung der O-Antiphonen immer auch mit der jeweiligen Adventswoche verbinden.

Erste Adventswoche

In der ersten Adventswoche geht es darum, aus der Hektik in die Ruhe zu kommen. Wenn wir das Ankommen Jesu feiern wollen, müssen wir zuerst einmal bei uns selbst ankommen. Wir müssen – wie die erste Kerze es ausdrückt – mit uns selbst eins werden und mit uns in Einklang kommen. Nur dann werden wir fähig, mit Christus eins zu werden.

Advent ist auch die Zeit, bei sich selbst anzukommen, zur Ruhe zu kommen und in die eigene Mitte zu gelangen. Wenn wir bei uns selbst angekommen sind, kann auch das Wort Gottes bei uns ankommen und unser Herz berühren.

Die ersten beiden O-Antiphonen beschreiben dieses Kommen Gottes in Jesus Christus als Offenbarung und als Befreiung. Sie sprechen damit wichtige Sehnsüchte an, die in uns auftauchen, sobald wir im Advent versuchen, still zu werden.

In der Stille soll in uns etwas klarer werden. Wir sehnen uns nach innerer Freiheit. Wir wollen selbst leben, anstatt gelebt zu werden.

O Sapientia – O Weisheit

O Sapientia,
quae ex ore Altissimi prodisti,
attingens a fine usque ad finem,
fortiter suaviter disponensque omnia:
veni ad docendum nos viam prudentiae.

O Weisheit,
hervorgegangen aus dem Munde des Höchsten –
die Welt umspannst du von einem Ende zum andern,
in Kraft und Milde ordnest du alles:
O komm und offenbare uns den Weg der Weisheit und Einsicht.

Das Alte Testament versteht Weisheit als etwas, das von Gott ausgeht. Sie ist selbst Gott und zugleich das, was von Gott her zu den Menschen hinströmt. Oft wird sie als selbstständige Kraft oder gar als Person beschrieben.

Der Evangelist Johannes hat in seinem Prolog auf die Weisheitstexte des Alten Testaments mit seiner Rede vom Wort Gottes geantwortet:

> *»Im Anfang war das Wort, und das Wort war bei Gott, und das Wort war Gott.« (Johannes 1,1)*

In ähnlicher Weise spricht die Weisheit im Buch der Sprichwörter von sich selbst:

»Der Herr hat mich geschaffen im Anfang seiner Wege, vor seinen Werken in der Urzeit; in frühester Zeit wurde ich gebildet, am Anfang, beim Ursprung der Erde.« (Sprichwörter 8,22f)

Durch die Weisheit Gottes ist alles geworden. Sie war schon am Anfang bei Gott. Und Gott selbst ist die Weisheit.

Ähnlich drückt es das Buch Jesus Sirach aus. Beide Bücher – das Buch der Sprichwörter und das Buch Jesus Sirach – sind Weisheitsbücher. Sie haben die Weisheit Israels mit der Weisheit Griechenlands und Ägyptens verbunden und Worte gesammelt, die die Weisheit der Völker zusammenfassen. In beiden Büchern wird die Weisheit gleichsam als Person gesehen, die von Gott ausgeht. So sagt die Weisheit im Buch Jesus Sirach:

»Ich ging aus dem Mund des Höchsten hervor, und wie Nebel umhüllte ich die Erde. Ich wohnte in den Höhen, auf einer Wolkensäule stand mein Thron. Den Kreis des Himmels umschritt ich allein, in der Tiefe des Abgrunds ging ich umher.« (Jesus Sirach 24,3–5)

Auf diese Bibelstellen bezieht sich die erste O-Antiphon, wenn sie sagt: »O Weisheit, hervorgegangen aus dem Munde des Höchsten.« Die Weisheit ist aus Gott, und sie ist Gott selbst. Die Antiphon bezieht die Weisheit auf Jesus Christus. In ihm ist die Weisheit Gottes verdichtet. Er ist für uns die Weisheit geworden. Paulus spricht von der Weisheit des Kreuzes, die die Weisheit dieser Welt zuschanden werden lässt. Für die Menschen, die glauben, ist

»Christus Gottes Kraft und Gottes Weisheit« (Erster Korintherbrief 1,24).

Jesus erfüllt unsere erste Sehnsucht, weise zu werden. Jesus ist die menschgewordene Weisheit Gottes. Wenn wir auf ihn schauen, dann sehen wir tiefer: dann verstehen wir unser eigenes Leben, und wir verstehen die tieferen Zusammenhänge in der Welt.

Die erste O-Antiphon beschreibt diese Weisheit: »Die Welt umspannst du von einem Ende zum andern, in Kraft und Milde ordnest du alles.« Die Weisheit wohnt in der ganzen Welt. Alles, was geschaffen ist, ist durch die Weisheit geschaffen und auch von der Weisheit durchdrungen. Überall in der Schöpfung begegnen wir der Weisheit Gottes. Das wird durch die Menschwerdung Gottes in Jesus Christus auf neue Weise Wirklichkeit. Durch sie berührt Gott die ganze Schöpfung.

Advent ist nicht nur ein Geschehen zwischen Gott und den Menschen, sondern er hat kosmische Ausmaße. Wenn Gott in seinem Sohn auf diese Erde kommt, dann verändert sich der Kosmos: Der göttliche Keim wird in die Erde gepflanzt. Die Erde ist nicht mehr ohne Gott. Sie ist von Gottes Weisheit durchdrungen.

Aber es ist nicht nur die Weisheit, sondern letztlich die Liebe, die alles durchdringt. Teilhard de Chardin, der französische Jesuit und Naturforscher, spricht von der »Amorisation« des Kosmos. Durch die Menschwerdung Gottes in Jesus Christus hat Gottes Liebe die ganze Welt durchdrungen. Überall, in den Menschen, Pflanzen, Tieren, ja auch in der Materie berühren wir diese menschgewordene Liebe.

Die Antiphon singt davon, dass die Weisheit, die zugleich Liebe ist, alles in Kraft und Milde ordnet. Dieses Geschehen wird in Jesus Christus vollendet. Jesus verbindet beide Pole – die Kraft und die Milde – miteinander. Er ist voller »dynamis«, voll von der Kraft des Heiligen Geistes. Er predigt mit Vollmacht, so dass die Dämonen davor zurückweichen müssen.

Aber er ordnet die Welt und die Menschen auch in Milde. Er geht behutsam mit den Menschen, gerade mit den zerbrochenen Menschen, um. Er heilt ihre verwundeten Herzen. Er umgibt sie mit seiner Milde, damit sie selbst milder mit sich umgehen, anstatt sich selbst abzulehnen und zu verurteilen.

Wir sehnen uns danach, wie Jesus auch in uns selbst Kraft und Milde zu verbinden. Wir möchten kraftvoll vor den Menschen auftreten, mit Kraft unser Leben gestalten, unsere Firma führen, in unserer Pfarrei und in der Gesellschaft etwas bewegen. Aber wir wollen keine Kraft gebrauchen, die die anderen überrumpelt und sie unterdrückt. Daher braucht die Kraft die Milde. Das deutsche Wort »Milde« kommt von »mahlen« und meint »fein und zart«. Wir sollen auf zarte und zärtliche Weise mit den Menschen umgehen, sie als kostbar anschauen und behandeln.

Im Lateinischen heißt der Gegensatz von Kraft und Milde »fortiter et suaviter«. Es meint das kraftvolle Ordnen, aber auch das angenehme, süße, milde und liebliche Umgehen mit den Menschen und mit den Dingen. Wer »suaviter« mit den Menschen umgeht, der weckt auch in ihnen die zarten und feinen Seiten. Und wer auf diese Weise mit den Dingen umgeht, der behandelt sie – wie der Benedikt von Nursia vom Cellerar verlangt – als etwas Kostbares, wie heilige Altargeräte. (Vgl. Benediktsregel 31,10)

Von welcher Weisheit spricht die Bibel? Die Sprache kann uns hier Auskunft geben. Das griechische Wort für Weisheit »sophia« meint, dass der Mensch gesunde Sinne hat und dass er durch seine Sinne die Dinge so wahrnimmt, wie sie sind. Sie geht davon aus, dass der Mensch nichts dadurch verfälscht, dass er seine eigenen Bedürfnisse in die Dinge hineinprojiziert.

Das lateinische Wort »sapientia« kommt von »sapere«, das »schmecken« bedeutet. Weise ist für die Lateiner demnach der Mensch, der einen guten Geschmack hat und der die Dinge schmeckt, wie sie sind. Weise ist der Mensch, der sich selbst schmecken und annehmen kann, der sich mit sich selbst ausgesöhnt hat. Weil er sich selbst schmecken kann, geht von ihm auch ein angenehmer Geschmack aus. Wenn wir mit ihm sprechen, hat das einen angenehmen und keinen bitteren Nachgeschmack.

Das deutsche Wort Weisheit kommt von Wissen. Und Wissen – das mit dem lateinischen »vidi« zusammenhängt, das mit »ich habe gesehen« übersetzt wird – kommt von Schauen. Weisheit heißt demnach, die Dinge so anzuschauen, wie sie sind. Und sie besteht darin, tiefer zu schauen und den Dingen auf den Grund zu sehen, um das Geheimnis der Dinge zu sehen. Ein solches Schauen ist ein kontemplatives Schauen, das letztlich in allem Gott selbst sieht.

Die Not, aus der heraus wir voller Sehnsucht die Weisheit Gottes erbitten, ist die Dunkelheit des menschlichen Geistes und seine Verwirrung. Heute sind wir oft verwirrt, weil so viele Weisheitslehren angeboten werden. Wir blicken gar nicht mehr durch. Wir wissen nicht, wem wir folgen und wem wir trauen sollen. Wir sehen nur das Oberflächliche, und wir sehen viele verschiedene Fakten, die uns die Medien berichten.

Aber wie sollen wir die Fakten deuten und verstehen? Wir sehnen uns danach, dass Gott selbst in Jesus Christus kommen möge. Wir erhoffen von ihm, dass er uns den Weg der Weisheit und Einsicht offenbare.

In der lateinischen Fassung bitten wir, dass er uns den Weg der Klugheit – der »prudentia« – lehre. Klugheit ist etwas anderes als Weisheit. Aber beide gehören zusammen. Klugheit ist die Fähigkeit, sich richtig zu entscheiden. Bei den vielen spirituellen und weltanschaulichen Angeboten, die uns täglich gemacht werden, brauchen wir die Klugheit, um uns für den Weg entscheiden zu können, der wahrhaft zum Leben führt.

In der deutschen Übersetzung ist vom Weg der Weisheit und Einsicht die Rede. Wir sehnen uns danach, dass Gott selbst in unsere Welt kommt und uns auf dem Weg der Weisheit vorangeht. Nur wenn er uns diesen Weg zeigt, können wir ihm darauf folgen. Aber es geht auch darum, dass Gott uns das Licht schenkt, damit wir klarer sehen. Nur so können wir eine tiefere Einsicht in die Zusammenhänge dieser Welt, aber auch unseres Lebens bekommen. Wir möchten in das Unbegreifliche dieser Welt und in den Grund unseres Lebens hineinsehen.

Mitten in einer Zeit, in der jeder seine Meinung sagt und meint, er habe die Lösung aller Weltprobleme gefunden, sehnen wir uns nach jener Klarheit, die Gott selbst uns schenkt. Advent ist die Verheißung, dass Gott selbst – die Quelle aller Weisheit – zu uns kommt und uns belehrt, wie wir unseren Weg gehen sollen. Und bei aller Verdunkelung des Gottesbildes, die wir heute beobachten, sehnen wir uns danach, dass Gott unseren Blick erhelle und uns sein freundliches Antlitz zeige.

Wenn wir in der ersten Adventswoche still werden und in die Ruhe zu kommen, sehnen wir uns danach, in der Stille klar zu sehen und eine tiefere Einsicht in das Geheimnis unseres Lebens zu bekommen. Wir wollen in die eigene Seele hineinschauen, die wir oft nicht verstehen, weil sie so unbeständig ist. Unsere Emotionen wandeln sich ständig, weil wir oft von Angst, Ärger, Eifersucht überfallen werden und gar nicht mehr durchblicken. Die Weisheit hilft uns, auf ihren Grund zu gelangen und manches klarer zu sehen.

O Adonai – O Herr

O Adonai,
et dux domus Israël,
qui Moysi in igne flammae rubi apparuisti,
et ei in Sina legem dedisti:
veni ad redimendum nos in brachio extento.

O Adonai,
Herr und Führer des Hauses Israel –
im flammenden Dornbusch bist du dem Mose erschienen
und hast ihm auf dem Berge das Gesetz gegeben:
O komm und befreie uns mit deinem starken Arme.

Die Juden hatten solche Scheu, den Namen Gottes auszusprechen, dass sie Ersatznamen verwendeten. Und ein solcher ist das Wort »Adonai«, das »Herr« bedeutet. Gott hat sich am Dornbusch als Jahwe geoffenbart als der

> *»Ich bin der ›Ich-bin-da‹«. (Exodus 3,14)*

Doch diese Erfahrung war den Juden so heilig, dass sie sich nicht trauten, diesen Namen auszusprechen. So ist Gott der Herr und König über alle Völker. Mit diesem Namen ruft die zweite O-Antiphon Gott an. Gott ist der Herr und Führer des Hauses Israel. Bei seiner Offenbarung am Dornbusch sagt Gott zu Mose:

> *»Ich habe das Elend meines Volkes in Ägypten gesehen, und ihre laute Klage über ihre Antreiber habe ich gehört. Ich*

kenne ihr Leid. Ich bin herabgestiegen, um sie der Hand der Ägypter zu entreißen und aus jenem Land hinaufzuführen in ein schönes, weites Land, in ein Land, in dem Milch und Honig fließen.« (Exodus 3,7f)

Gott ist ein Gott, der das Elend seines Volkes sieht. Das ist auch die Gewissheit des Advents: Gott sieht unsere Not, unsere Traurigkeit und unsere Verzweiflung. Er sieht unsere inneren Antreiber, die uns auffordern, immer schneller und besser zu werden, immer mehr zu leisten, immer perfekter zu werden, vor allen Menschen gut dazustehen. Solche Antreiber bedrücken und überfordern uns. Gott ist als Herr und Führer seines Volkes zugleich der Befreier. Wenn Gott in uns herrscht, dann hören die Menschen auf, über uns zu herrschen. Dann werden wir auch nicht mehr von unseren Bedürfnissen und Leidenschaften beherrscht. Wenn Gott in uns herrscht, dann werden wir wahrhaft frei.

Weihnachten ist die Erfüllung der Verheißung, die Gott dem Mose am brennenden Dornbusch zugesagt hat. An Weihnachten steigt er wirklich zu uns hinab, er wird einer von uns. An Weihnachten will er in unsere Herzen einziehen, um darin zu herrschen und uns so von allen heimlichen Herrschern zu befreien, die sich in unserem Herzen festgesetzt haben.

Im Advent bekennen wir immer wieder, dass Gott uns sieht. Im Hymnus der Vesper singen wir:

»Voll Mitleid siehst du deine Welt von Untergang und Tod bedroht. Du nimmst dich ihres Elends an und heilest, was die Schuld verdarb.«

Weil Gott uns sieht, steigt er zu uns herab. Oder wie es Lukas in seinem schönen Gesang des *Benediktus* ausdrückt: Gott besucht uns, um uns Erlösung, Rettung, Heilung zu schaffen. Und die barmherzige Liebe Gottes ist der eigentliche Grund dafür, dass uns Gott als das aufstrahlende Licht aus der Höhe besuchen wird. (Vgl. Lukas 1,78)

Wie damals, als Israel in Ägypten bedrückt wurde, sieht Gott auch heute auf uns herab. Er sieht, woran wir leiden, wo wir von unserer Umgebung nicht verstanden werden, wo wir in der Fremde sind oder wo alles um uns herum kalt geworden ist. Advent ist die Sehnsucht, dass Gott zu uns kommen möge: in unsere Fremde, in unser Leid und in unsere Kälte. Dann wird die Fremde zur Heimat, dann ziehen wir gemeinsam mit ihm aus der Entfremdung in die Heimat, dorthin, wo wir uns zu Hause fühlen.

Die zweite O-Antiphon berichtet von Gott, dass er dem Mose im flammenden Dornbusch erschienen ist und dass er ihm auf dem Berg das Gesetz gegeben hat. Beides sind heilende Taten Gottes.

In der Erscheinung am Dornbusch heilt Gott den Mose. Mose hatte sich als gescheitert erlebt. Er musste in die Fremde fliehen. Er hatte das Gefühl, innerlich zu vertrocknen, am Rand zu leben und wertlos zu sein. Der Dornbusch ist Bild für diese Wertlosigkeit. Doch gerade in diesem Dornbusch erscheint dem Mose Gott – und zwar in einer Flamme, die aus dem Dornbusch schlug.

Mose schaute genau hin:

»Da brannte der Dornbusch und verbrannte doch nicht.«
(Exodus 3,2)

Dieses Paradox haben die Kirchenväter auf Maria bezogen. Sie gebiert Gott und verbrennt daran nicht. Aber der Dornbusch ist auch ein wunderbares Bild für uns. Wenn Gott uns mit seinem Feuer entzündet, dann brennen wir, ohne zu verbrennen. Wir bleiben nach wie vor der Dornbusch. Wir bleiben ganz und gar Mensch: mit unseren Fehlern und Schwächen. Und doch werden wir in der Menschwerdung Gottes mit göttlichem Leben erfüllt. Wir bleiben die schwachen und hinfälligen Menschen. Aber wir werden auch zum Ort Gottes. Gott möchte in uns aufleuchten, so wie er in Jesus Christus aufgeleuchtet ist in unserer Fremde, in unserem Unbehaustsein, an dem wir ähnlich wie Mose leiden.

Auch die Gesetzgebung auf dem Berg ist für die Israeliten ein heilsames Tun Gottes. Die Israeliten verstanden die Gesetze als Weisung in die Freiheit. Gottes Gesetze sind weise Gesetze, für die sie ihm danken. Denn Gott ermöglichte den Israeliten mit seinen Geboten, dass sie im Frieden und in innerer und äußerer Freiheit miteinander leben konnten.

Gott zeigt auch uns in seinen Gesetzen einen Weg, wie unser Leben gelingen kann. Bevor Gott dem Mose die Zehn Gebote offenbart, sagt er:

> *»Ich bin Jahwe, dein Gott, der dich aus Ägypten geführt hat; aus dem Sklavenhaus.« (Exodus 20,2)*

Die Gebote sind Wächter der Freiheit, in die Gott sein Volk aus dem Sklavenhaus heraus geführt hat. Damit die Menschen nicht wieder Sklaven ihrer eigenen Bedürfnisse oder Sklaven fremder Herren werden, hat Gott ihnen Gebote gegeben, damit sie aufwachen und mit wachen Augen ihr Leben leben.

Diesen befreienden und heilenden Gott bitten wir im Komm-Ruf: »O komm und befreie uns mit deinem starken Arme.« Der ganze Advent ist der Ruf nach dem Kommen Gottes, er soll uns aus unseren Verstrickungen befreien. Wir sind verstrickt in schwierige Beziehungen. Wir sind verstrickt in die Verletzungen der Vergangenheit. Wir fühlen uns gefesselt von den Zwängen, in dieser Gesellschaft funktionieren zu müssen. Und wir fühlen uns gefesselt von inneren Zwängen unserer Angst, die uns oft unsinnige Dinge auflädt: Da hat beispielsweise einer Angst, auf dem normalen Weg nach Hause zu fahren. Er muss täglich einen Umweg fahren, weil er befürchtet, ihm könnte sonst etwas Schlimmes passieren.

Wir werden heute von vielen solchen Ängsten geplagt, die uns unfrei machen. Von all diesen Fesseln möge uns Gott befreien. Und er möge uns aus dem Land der Entfremdung und der Versklavung herausführen, in dem wir uns nur nach den Erwartungen anderer richten.

Advent ist die Zeit, in der wir uns nach wahrer Freiheit sehnen. Und wir vertrauen darauf, dass das Kommen Gottes in der Geburt seines Sohnes uns in diese Freiheit führen wird.

Im Lateinischen ist hier vom ausgestreckten Arm – »in brachio extento« – die Rede. Gott möge seinen Arm ausstrecken, um uns zu befreien. Er möge nicht einfach zusehen, wie es uns schlecht geht. In Jesus Christus möge er seine Macht an uns zeigen. Und er möge in dieser Welt machtvoll erscheinen, damit all die Menschen und Dinge, die Macht an sich gerissen oder bekommen haben, entmachtet werden und wir aufrecht und befreit leben können.

Anregungen

Gehen Sie, liebe Leserin, lieber Leser, durch die erste Adventswoche mit diesen beiden Bildern der Weisheit und des brennenden Dornbusches. Weisheit ist die tiefere Erkenntnis der Dinge. Danach haben sich die Menschen seit jeher gesehnt. Sie wollten tiefer sehen, durchblicken, klar sehen, die Urgründe des Seins erkennen. Gehen Sie einmal bewusst mit den Augen der Weisheit durch die Straßen. Und dann horchen Sie in Ihr Herz hinein: Ist das, was ich sehe, die wahre Wirklichkeit? Ist diese äußere Hektik das, was uns in dieser stillen Zeit des Advents beschäftigen sollte? Oder ist sie Ausdruck von einer tieferen Unruhe – letztlich von der Unruhe, von der Augustinus gesagt hat: »Unruhig ist unser Herz, bis es Ruhe findet in dir, mein Gott«?

Wenn Sie durch die Landschaft gehen, versuchen Sie, tiefer zu schauen, so dass Sie in allem die Weisheit Gottes am Werk sehen. Vertrauen Sie darauf, dass alles, was Sie schauen, von Gottes Wort geschaffen und geformt ist. Das Wort Gottes, das an Weihnachten Fleisch werden will, begibt sich auf neue Weise in diese Welt hinein, um der innerste Grund von allem zu sein.

Nehmen Sie, lieber Leser, liebe Leserin, das Bild des brennenden Dornbusches und meditieren Sie es. Setzen Sie sich bequem hin und beobachten Sie den Atem, wie er Ihren ganzen Leib durchdringt. Dann stellen Sie sich vor: Ich bin der brennende Dornbusch. Ich bin ausgetrocknet, unruhig, leer, enttäuscht vom Leben, ich bin am Rand des Weltgeschehens. Ich spiele keine Rolle in der Welt. Und doch bin ich zugleich der Ort, an dem Gottes Herrlichkeit aufleuchtet.

Stellen Sie sich vor, dass in Ihrem Atem Gottes Licht und Herrlichkeit Ihren Leib durchdringt. Sie bleiben dieser durchschnittliche Mensch. Sie können nicht damit angeben, dass Gottes Herrlichkeit in Ihnen leuchtet. Aber Sie dürfen dankbar wahrnehmen, dass Sie nicht nur dieser Mensch mit seinen Fehlern und Schwächen sind, sondern dass in Ihnen Gottes Licht leuchtet. Und wenn Sie Gottes Licht bei jedem Atemzug in alle Fasern Ihres Leibes eindringen lassen, dann werden Sie selbst Licht.

Sie können bei der Meditation auch eine Kerze anzünden und sich vorstellen, wie das warme Licht der Kerze Ihren Leib durchströmt. Dann erleben Sie sich anders. Dann erfahren Sie, was die Bitte der zweiten O-Antiphon aussagt: »O komm und befreie (erlöse) uns mit deinem starken Arme.« Wenn das Licht Ihren Leib durchdringt, wenn Sie selbst zum Licht werden, dann erfahren Sie die Erlösung, die wir mit der Menschwerdung Gottes in Jesus Christus verbinden. Dann sind Sie frei. Das Licht, das alles durchdringt, erlaubt Ihnen, so zu sein, wie Sie sind, weil alles in Ihnen für das Licht Gottes durchlässig geworden ist.

Zweite Adventswoche

Die zweite Adventswoche ist geprägt von der Sehnsucht, unsere eigenen Wurzeln zu entdecken und mit ihnen wieder in Berührung zu kommen. Viele Menschen fühlen sich heute wurzellos und entwurzelt. Sie leben nicht aus den Wurzeln ihrer Vorfahren und auch nicht aus den Wurzeln des Glaubens.

Die Rituale, die wir in der Adventszeit praktizieren, möchten uns mit den Wurzeln unserer Vorfahren verbinden. Denn sie haben mit diesen Ritualen ihr Leben gemeistert und sind mit ihnen durch schwierige Zeiten vertrauensvoll und hoffnungsvoll hindurchgegangen. Die Depressionen, die heute viele Menschen bedrücken, haben viele Ursachen. Aber eine Ursache ist auch das Abgeschnittensein von den eigenen Wurzeln. Wer keine Wurzeln hat, dessen Baum verdorrt. Und wenn von außen ein Sturm kommt, fällt er um.

Daher lädt uns die zweite Adventswoche dazu ein, mit den Wurzeln unseres Glaubens – dem Glauben unserer Vorfahren – in Berührung zu kommen: Woraus haben wir als Kinder gelebt? Was hat uns damals getragen?

Aber genauso wichtig ist die Frage: Woraus haben unsere Eltern, Großeltern und Urgroßeltern gelebt? Wie haben sie den Advent erlebt und gestaltet? Was hat sie dabei getragen? Wie kann ich heute an der Lebenskraft und Glaubenskraft meiner Vorfahren teilhaben?

Die Sehnsucht nach den eigenen Wurzeln ist die eine Sehnsucht, um die es in der zweiten Adventswoche geht. Die andere Sehnsucht zielt danach, einen Zugang zu sich selbst zu finden. Ich will den Schlüssel finden, der mir die Tür zu meinem Herzen aufschließt, der mir die Tür zum Himmel öffnet und auch die Tür zu anderen Menschen auftut. In der zweiten Woche machen wir uns auf die Suche nach dem Schlüssel, der uns Türen öffnet und der unser Herz für das Geheimnis Gottes aufschließt.

In dem beliebten Adventslied »Tauet, Himmel, den Gerechten« heißt es:

> *»Denn verschlossen war das Tor, bis der Heiland trat hervor.«*

Das Lied spricht vom Himmel, der verschlossen ist. Ein anderes Adventslied geht davon aus, dass die Tür unseres Herzens verschlossen ist. Daher fordert es uns auf:

> *»Macht hoch die Tür, die Tor macht weit,*
> *es kommt der Herr der Herrlichkeit.«*

Und in der letzten Strophe dieses Liedes bittet der Beter Jesus, er möge kommen, sein Herz stehe offen:

> *»Komm, o mein Heiland Jesus Christ,*
> *mein's Herzens Tür dir offen ist.*
> *Ach zieh mit deiner Gnade ein,*
> *dein Freundlichkeit auch uns erschein'.«*

O Radix Jesse – O Wurzel Jesse

O Radix Jesse,
qui stas in signum populorum,
super quem continebunt reges os suum,
quem gentes deprecabuntur:
veni ad liberandum nos,
iam noli tardare.

O Spross aus Isais Wurzel,
gesetzt zum Zeichen für die Völker –
vor dir verstummen die Herrscher der Erde,
dich flehen an die Völker:
O komm und errette uns,
erhebe dich, säume nicht länger.

In der dritten O-Antiphon wird Christus direkt angesprochen. Jetzt geht es nicht mehr um Gott, sondern um den Spross, den Gott aus der Wurzel Isais – der Wurzel Jesse – hervortreiben lässt. Diese Antiphon bezieht sich auf die Verheißung des Messias:

> *»Aus dem Baumstumpf Isais wächst ein Reis hervor, ein junger Trieb aus seinen Wurzeln bringt Frucht. Der Geist des Herrn lässt sich nieder auf ihm: der Geist der Weisheit und der Einsicht, der Geist des Rates und der Stärke, der Geist der Erkenntnis und der Gottesfurcht.«*
> *(Jesaja 11,1f)*

Diese Verheißung hören wir im Alten Testament immer wieder: dass Gott gerade aus dem Abgeschlagenen etwas Neues sprossen lässt, dass er aus den Ruinen eine neue Stadt und einen neuen Tempel baut. In dieser Verheißung liegt nicht nur der große Trost, dass auch in unserer Zeit, in der wir uns von den Wurzeln der christlichen Tradition oft abgeschnitten fühlen, Gott zu uns kommt: in dem Menschen Jesus Christus, der uns Anteil an seiner göttlichen Wurzel gibt.

Diese Verheißung ist auch ein Trost, dass gerade dort, wo in uns etwas gescheitert, abgeschnitten oder zerbrochen ist, aus dem Verdorrten etwas Neues aufsprossen kann. Wir kennen solche Situationen des Scheiterns, des Zerbrechens. Und oft genug zerbrechen wir innerlich daran. Die Adventszeit möchte uns einladen, zu vertrauen, dass auch in uns der abgeschnittene Baum neue Frucht hervorbringen kann.

Diese Verheißung gibt auch Zuversicht, dass in unserer kirchlichen Situation, die heute weniger von Blüte geprägt ist, neues Leben hervorsprießen kann. Wir sind nicht allein auf uns gestellt. Gott selbst kommt in Jesus Christus zu uns. Jesus ist der Spross, der auch das Verdorrte und Abgeschlagene neu zum Blühen bringt. Wenn wir Weihnachten im Geist dieser O-Antiphon feiern, dann kann auch heute in unserer Kirche neues Leben aufblühen. Wir sollten die Hoffnung nicht aufgeben, dass trotz weniger werdender Kirchenbesucher unsere Kirchen lebendige Orte der Gotteserfahrung bleiben und neu werden.

Von dem Spross Isais heißt es, dass er zum Zeichen für die Völker gesetzt ist. Jesus ist nicht nur für den einzelnen Menschen da. Er zeigt als Zeichen für die Völker an, dass in ihm etwas Neues in die Welt kommt und dass er diese Welt verwandeln wird. Wenn wir Liturgie feiern und Christus in unserer Mitte ist, dann hat das Auswirkung auf alle Völker. Dann wird Christus als Zeichen für die Völker unter uns sichtbar. Er kann nicht übersehen werden. Christus wird aber auch als Zeichen sichtbar, wenn wir in der Öffentlichkeit unseren Glauben bekennen und dazu stehen, dass wir in diesem Jesus Christus die Hoffnung für die Welt sehen.

In der dritten O-Antiphon ist nicht vom Handeln Gottes die Rede, sondern davon, wie die Menschen auf Gott beziehungsweise auf Jesus Christus reagieren: »Vor dir verstummen die Herrscher der Erde, dich flehen an die Völker.« Die Menschen, die über andere herrschen, verstummen angesichts der Macht Jesu Christi. Seine Macht ist keine äußere Macht. Gegen eine solche würden die Herrscher kämpfen – im Glauben, dass ihre Mittel und ihre Heere stärker sind. Doch Jesus bringt gerade durch sein Schweigen und durch seine Ausstrahlung die Herrscher zum Verstummen. Diese Erfahrung dürfen wir auch heute immer wieder machen. Da möchte uns jemand beweisen, dass der Glaube Unsinn ist. Doch dann erkennt er an uns oder an einem anderen gläubigen Menschen, dass da etwas aufleuchtet, was ihn verstummen lässt. Die Argumente, die er gerade noch lauthals verkünden wollte, bleiben ihm im Hals stecken.

So haben wir es bei der Wende im Jahr 1989 erlebt. Gegen die Macht hätten die Machthaber der DDR gekämpft – und sie hätten diese vermutlich niedergekämpft. Aber gegen die leise brennenden Kerzen waren sie machtlos. Vor den Kerzen verstummten ihre Schreie und ihre Argumente.

Wenn wir Jesus authentisch verkünden, dann werden auch heute die Herrscher der Erde verstummen. Und nur wenn sie verstummen, können sie sich der Botschaft des Advents öffnen. So dürfen wir vertrauen, dass in jedem Advent der eine oder andere Mensch, der meint, er hätte etwas zu sagen, auf einmal verstummt und sich dem Geheimnis des Advents öffnet. Der Advent zeigt an, dass da einer kommt, der ganz anders als alle Herrscher dieser Welt ist. Advent zeigt nicht nur die persönliche Begegnung des Einzelnen mit Jesus Christus an. Er thematisiert auch die Sehnsucht, dass Gott unsere Gesellschaft verändert, dass Gott jene Menschen verstummen lässt, die so laut schreien, und dass er die Rufe und Schreie der Armen hörbar macht und sie erhört.

Wenn die Herrscher verstummen, dann bekommen die einfachen Menschen Raum, um zu sprechen, dann beginnen die Völker Christus anzuflehen und ihn zu bitten. Wenn die Herrscher stumm werden, vermögen wir zu sprechen und das zur Sprache zu bringen, was unsere Herzen wirklich bewegt.

Wir können diesen Satz aber auch noch anders verstehen: Die Herrscher verstummen nicht nur vor Jesus, sondern auch in unserem Herzen. Viele Menschen klagen darüber, dass es in ihnen ständig spricht, dass ständig Stimmen in ihnen sind, die sie verurteilen, antreiben und nicht zur Ruhe kommen lassen. Sie sehnen sich nach Stille. Aber sie erfahren keine Stille, weil in der Ruhe die inneren Stimmen nur noch lauter werden. Doch nur wenn diese inneren Stimmen aufhören, uns mit ihrem Lärm zuzustopfen, vermögen wir jene Worte zu finden, die unser Herz wirklich sagen möchte. Dies sind dann Worte der Bitte, Worte der Sehnsucht, Worte des Flehens, dass Gott in uns herrsche – und nicht irgendwelche inneren oder äußeren Mächte. Dies sind dann Bitten, dass Gottes Herrschaft auch in dieser Welt sichtbar werden möge.

Der Ruf der dritten O-Antiphon ist einer der längsten und eindrucksvollsten. In ihm bitten wir Christus, er möge kommen und uns erretten, er möge sich erheben und nicht länger säumen. Drei Bitten richten wir an den, der kommen möge.

Christus solle uns erretten – das ist die erste Bitte. In der Not sehnen wir uns nach einem Retter. Wenn wir im Wasser unterzugehen drohen, schreien wir nach einem Menschen, der uns herauszieht. Wir bitten die Feuerwehr, uns aus dem brennenden Haus zu holen und in Sicherheit zu bringen.

Nach einem Retter in der Not sehnen wir uns alle. Retten meint, dass wir einer konkreten Gefahr entrissen werden und dass sich die gerade bedrängende Not auflöst. Wer zu ertrinken droht, sehnt sich nach dem Rettungsanker. Jesus ist für uns, die wir in den Wogen unseres Lebens zu ertrinken scheinen, der Rettungsanker, an dem wir uns festhalten können.

Die zweite Bitte ist: Jesus möge sich erheben. Er soll nicht nur – wie beim Seesturm – bei uns sein und in unserem Boot auf dem Kissen schlafen:

> *»Die Jünger weckten den Schlafenden auf und riefen: ›Meister, kümmert es dich nicht, dass wir zugrunde gehen?‹ Und Jesus stand auf, er erhob sich und drohte dem Wind. Zum See sagte er: ›Schweig, sei still.‹ Und der Wind legte sich, und es trat völlige Stille ein.«* (Markus 4,38–39)

Wir erleben auch oft, dass Jesus in unserem Boot schläft. Wir haben die Verbindung zu ihm verloren. Wir sind innerlich abgeschnitten von ihm. Wir werden von den Wellen und Wogen unseres Lebens hin und her geworfen. Doch wir haben vergessen, dass Jesus da ist und in unserem Boot schläft. So sehnen wir uns danach, dass Jesus aufsteht und sich erhebt, dass er den Stürmen und den Wogen und Wellen – in uns und um uns herum – Einhalt gebietet. Dann können wir nicht untergehen.

Jesus möge nicht länger säumen – das ist die dritte Bitte. Er soll nicht so lange mit seinem Kommen warten. Er möge jetzt in diesem Augenblick erscheinen. Denn jetzt sind wir in Not. Die Bitte ruft ungeduldig: Gott möge mit seinem Kommen nicht langsam machen, sondern sich beeilen.

Advent ist das ständige Rufen nach dem Kommen Gottes in unser Leben. Gott möge in seinem Sohn Jesus Christus in unsere Verlassenheit, in unsere Fremde, in unseren Kerker, in unsere Angst oder in unsere Depression kommen. Wir halten es mit uns nicht mehr aus. Wir sehnen uns danach, dass er kommt und uns rettet.

O Clavis David – O Schlüssel Davids

O Clavis David,
et sceptrum domus Israël,
qui aperis, et nemo claudit,
claudis, et nemo aperit:
veni, et educ vinctum
de domo carceris,
sedentem in tenebris,
et umbra mortis.

O Schlüssel Davids,
Zepter des Hauses Israel –
du öffnest, und niemand kann schließen,
du schließt, und keine Macht vermag zu öffnen:
O komm und öffne den Kerker der Finsternis
und die Fessel des Todes!

Auch die vierte O-Antiphon greift ein Bild des Alten Testamentes auf. Als Gott durch den Propheten Jesaja dem Palastvorsteher Schebna seine Absetzung androht, verheißt er dem Eljakim, dass er in dieses Amt eingesetzt wird.

> *»Ich übergebe ihm dein Amt, und er wird für die Einwohner Jerusalems und für das Haus Juda ein Vater sein. Ich lege ihm den Schlüssel des Hauses David auf die Schulter. Wenn er öffnet, kann niemand schließen; wenn er schließt, kann niemand öffnen.« (Jesaja 22,21f)*

Der Schlüssel hatte in der Antike noch eine wesentlichere Bedeutung als heute. Wer den Schlüssel besaß, der hatte die Verfügungs- und die Rechtsgewalt. Er konnte Eintritt in den Palast gewähren oder verwehren. Es war damals oft ein sehr großer Schlüssel, den man dem Türhüter auf die Schultern legte. Wir sagen heute noch, dass einem eine große Verantwortung auf den Schultern liege. Es ist die Verantwortung, zu entscheiden, für wen man die Tür aufschließt und wem man sie verschließt.

Eljakim wurde von den Kirchenvätern als Bild für Jesus Christus gesehen. Eljakim ist kein herzloser Mensch, der willkürlich die Tür verschließt. Er ist dem Volk ein Vater. So kann er ein Bild für Jesus werden, der für uns wie ein Vater oder eine Mutter sorgt.

Jesus ist der Schlüssel Davids. Er versteht seine Aufgabe vor allem darin, jene Türen aufzuschließen, die für uns verschlossen sind. Er schaut auf die Menschen, die an die Tür pochen. Wenn er ihre Sehnsucht sieht, dann schließt er ihnen die Tür auf, damit sie in den Bereich Gottes eintreten können.

Viele Advents- und Weihnachtslieder haben dieses Bild aufgegriffen. In ihren Texten schließt entweder Gott selbst oder aber Jesus die Tür auf. So heißt es in einem Lied von Nikolaus Hermann aus der Mitte des 16. Jahrhunderts: »Lobt Gott, ihr Christen alle gleich, in seinem höchsten Thron, der heut schließt auf sein Himmelreich und schenkt uns seinen Sohn.«

Hier ist es Gott selbst, der die Tür des Himmels aufschließt, damit sein Sohn zu uns herabsteigen kann. In der letzten Strophe dieses Liedes aber ist es Jesus selbst, der die Tür öffnet: »Heut schließt er wieder auf die Tür zum schönen Paradeis; der Kerub steht nicht mehr dafür. Gott sei Lob, Ehr und Preis.« Jesus schließt uns als »Vater«, der für seine Kinder sorgt, die Tür zum Paradies auf, damit wir jetzt schon hier in einem Zustand leben, der dem des Paradieses gleicht. Und im Tod – so dürfen wir vertrauen – wird uns das Tor zum Paradies offen stehen. Nun steht kein Engel mehr davor, der uns am Eintritt hindert.

Aber der Schlüssel ist auch ein inneres Bild. In den Märchen spielt der Schlüssel oft eine wichtige Rolle. Er schließt dann meist die Tür zu einem Geheimnis auf, das eigentlich verborgen bleiben sollte. In Träumen bedeutet der Schlüssel oft, dass wir den Zugang zum eigenen Herzen oder auch den Zugang zu anderen Menschen finden.

Doch manchmal träumen wir, dass wir vor einer verschlossenen Tür stehen. Wir finden den Schlüssel nicht. Oder der Schlüssel passt nicht, mit dem wir aufsperren wollen. Solche Träume wollen uns mahnen, besser auf uns aufzupassen. Wir haben dann zu lange außerhalb unseres Herzens gewohnt – und jetzt finden wir das Tor nicht mehr.

Wer die Beziehung zu seinem Herzen aufgegeben hat, der tut sich schwer, wieder Zugang zu seinem inneren Bereich zu finden. In einer solchen Situation braucht er Jesus als Schlüssel. Dieser schließt uns die Tür des eigenen Herzens auf. Er gewährt uns Eintritt in das innere Heiligtum unserer Seele. Durch ihn gelangen wir in den Grund der Seele, zu unserem wahren Selbst. Und Jesus ist der Schlüssel zu den anderen Menschen. Er öffnet unser Herz auch für die anderen – nicht nur durch seine Botschaft von der Nächstenliebe, sondern allein schon durch die Tatsache, dass wir in jedem Menschen Christus begegnen. Wenn Christus im Bruder und in der Schwester ist, dann können wir unser Herz vor ihnen nicht verschließen.

Jesus ist der »Schlüssel Davids, das Zepter des Hauses Israel«. Er hat Macht über das Volk. Er herrscht über die Menschen. Aber seine Herrschaft ist eine sanfte Herrschaft. Jesus hat die Vollmacht, so sagt die vierte O-Antiphon, zu öffnen – und niemand kann dann schließen – und zu schließen – und keine Macht vermag dann zu öffnen.

Solche Sätze machen manchen Menschen Angst. Doch Jesus ist in seiner Schlüsselgewalt nicht willkürlich. Er ist gekommen, um uns die Tür zum Leben aufzuschließen. Nur dem Menschen, der sich verweigert, fällt die Tür zu. Jesus verschließt die Tür nicht, weil er jemanden bestrafen möchte. Vielmehr ist es so, dass wir manchmal so außerhalb unserer selbst leben – ohne Beziehung zu unserem Herzen –, dass wir selbst die Tür nicht mehr aufbringen. Wir selbst verschließen uns die Tür. Jesus zeigt uns nur die Konsequenz eines Lebens auf, in dem wir uns außerhalb unseres Herzens aufhalten und so immer mehr die Beziehung zu unserem eigenen Herzen und zur Seele verlieren.

Johannes hat im Buch der Offenbarung Jesus als den Heiligen und Wahrhaftigen beschrieben,

> *»der den Schlüssel Davids hat, der öffnet, so dass niemand mehr schließen kann, der schließt, so dass niemand mehr öffnen kann: Ich kenne deine Werke, und ich habe vor dir eine Tür geöffnet, die niemand mehr schließen kann. Du hast nur geringe Kraft, und dennoch hast du an meinem Wort festgehalten und meinen Namen nicht verleugnet.« (Offenbarung 3,7f)*

Hier sagt Jesus von sich nur, dass er die Tür geöffnet habe, obwohl die Menschen in der Gemeinde von Philadelphia keine große spirituelle Kraft in sich hätten. So dürfen wir vertrauen, dass Jesus auch uns die Tür aufschließt, wenn wir nur versuchen, an seinem Wort festzuhalten. Auch wenn wir immer wieder schwach werden, wird er uns die Tür nicht verschließen.

Im Gegenteil, wir selbst verschließen uns oft die Tür zu unserem Herzen mit unseren Selbstvorwürfen. Wenn wir einen Fehler gemacht haben, schließen wir uns selbst vom Leben aus. Wir bestrafen uns und denken, wir seien schlecht und würden die Gnade Gottes nicht verdienen. Der Schlüssel, den Jesus in seinen Händen hält, will aufschließen und nicht verschließen.

Die Bitte, die wir an Jesus, den Schlüssel Davids, richten, lautet: »O komm und öffne den Kerker der Finsternis und die Fesseln des Todes.« Diese Bitte beschreibt unsere Situation: Wir sitzen im Kerker der Finsternis und sind gefesselt von den Fesseln des Todes. Was heißt das? Gefangen fühlen sich heute viele Menschen: gefangen in ihren Ängsten, gefangen in ihren Depressionen. Menschen, die an Depressionen leiden, gebrauchen für ihr Erleben oft ähnliche Bilder. Sie haben das Gefühl, in einem dunklen Loch zu sitzen, in das kein Lichtstrahl hineindringt. Selbst der Glaube hilft dort nicht. In dem Augenblick, in dem sie sich von der Depression beherrscht fühlen, klingen für sie alle Worte der Bibel fremd. Und der Glauben, der sie bisher getragen hat, scheint seine Kraft verloren zu haben. Die Bitte der vierten O-Antiphon möchte bis in diesen Kerker der Finsternis vordringen.

Was meint das Bild von den »Fesseln des Todes«? Die Psychologie sagt uns, dass die Todesangst wesentlich zum Menschen gehört. Auch als Christen sind wir von dieser Todesangst bedroht. Doch oft verdrängen wir sie, indem wir unsere Angst mit tausend Aktivitäten zudecken oder uns und anderen unsere Wichtigkeit beweisen wollen. Nur wenn wir unsere Todesangst anschauen und sie Gott hinhalten, wird sie sich wandeln. Die Adventszeit ist die Zeit, uns mit unserer Todesangst an Christus zu wenden, damit er uns davon befreien möge. Er möge in unsere Todesangst hinabsteigen und sie verwandeln.

Wir sehnen uns danach, dass Jesus mit seinem Schlüssel die Tür unseres Kerkers öffnet und die Fesseln löst, die uns gefangen halten. Der Advent thematisiert diese Sehnsucht, dass wir nicht allein im Kerker unserer Angst, unserer Depression und unserer Einsamkeit bleiben wollen. Jesus möge kommen und die Tür öffnen – so bitten wir: Er möge die Tür öffnen, um bei uns einzutreten. Dann verwandelt sich unser Kerker in einen Ort der Begegnung. Jesus möge die Tür öffnen, damit wir aus unserem Gefängnis heraustreten und die Fesseln abstreifen können, die uns am Gehen hindern. Dann können wir uns auch wieder anderen Menschen offen zuwenden.

Anregungen

Gehen Sie, liebe Leserin, lieber Leser, in der zweiten Adventswoche mit den beiden Bildern der Wurzel und des Schlüssels durch Ihr Leben. Wenn Sie die alten Adventslieder singen oder wenn Sie vor dem Adventskranz sitzen, spüren Sie nach, was Ihre Wurzeln sind. Vielleicht erinnern Sie sich daran, wie Ihre Eltern und Großeltern um den Adventskranz gesessen sind und welche Kraft diese aus dem Ritual des Adventskranzes gezogen haben. Wenn Sie still werden, horchen Sie in sich hinein, was aus Ihrer Kindheit hochkommt. Es geht nicht darum, nur nostalgisch zurück in die Kindheit zu flüchten, sondern in der Kindheit nach den Wurzeln zu suchen, die Sie damals getragen haben.

Gehen Sie dann eine Zeitlang mit dem Bild des Schlüssels durch Ihren Alltag. Horchen Sie in Ihr Herz und fragen Sie sich: Habe ich den Schlüssel zu meinem Herzen? Gibt es in meinem inneren Lebenshaus Räume, die noch zugesperrt sind oder in die ich gar nicht gerne hineingehe, weil ich Angst vor dem Dunkel oder dem Chaos habe?

Als Kinder hatten wir oft Angst, in den Keller zu gehen. Wenn wir in unser inneres Lebenshaus hineinschauen, so begegnen uns dort auch Räume, vor denen wir eher Angst haben. Dort könnten auch irgendwelche »Einbrecher« auftauchen, die in unser Inneres eingebrochen sind, um uns das Gefühl von Geborgenheit und Heimat zu rauben. Lassen Sie das Bild des Schlüssels in sich eindringen, so dass es sich in Sie einbildet. Dann öffnet sich in Ihnen Ihr Herz. Sie selbst haben dann Zugang zu Ihrem Herzen. Und es steht auch für Jesus offen.

Für mich gehört als Ritual zum Advent, dass ich mir immer wieder die Adventskantaten von Johann Sebastian Bach anhöre. In der Kantate »Nun komm der Heiden Heiland« singt der Bass die Worte aus dem Buch der Offenbarung:

> *»Siehe, ich stehe vor der Tür und klopfe an. So jemand meine Stimme hören wird und die Tür auftun, zu dem werde ich eingehen und das Abendmahl mit ihm halten und er mit mir.« (Offenbarung 3,20)*

Auf diese Einladung antwortet die Sopranstimme mit einem innigen Lied:

> *»Öffne dich, mein ganzes Herze, Jesus kommt und ziehet ein.«*

Indem ich die Musik dieser Kantate in mich eindringen lasse, öffnet sich mein Herz von selbst. Und Jesus kann einziehen. Diese Musik ist voller Sehnsucht. Und sie weckt meine Sehnsucht nach dem, der durch die Tür meines Herzens hindurchgeht und bei mir eintritt, um für immer mit mir eins zu sein.

Dritte Adventswoche

In der dritten Adventswoche geht es um das Licht. In der Finsternis unseres Lebens sehnen wir uns nach Licht und nach Erleuchtung: Das Dunkle in uns möge hell werden.

Die dritte Adventswoche kennt zwei Licht-Heilige. Da sind die heilige Lucia und die heilige Odilia. Lucia ist die Lichtträgerin. Sie hat den Gefangenen in der Verfolgungszeit in Rom Nahrung in das Gefängnis gebracht. Da sie das nachts tun musste, hat sie sich einen Kranz von Kerzen auf den Kopf gesetzt. Heute noch wird sie so in Skandinavien dargestellt. Lucia spricht die Ursehnsucht der nördlichen Völker nach Licht in dieser dunklen Zeit an. Sie steht aber immer auch für die Sehnsucht der Menschen nach dem inneren Licht.

Von der heiligen Odilia wird berichtet, dass sie blind geboren wurde. In der Taufe hat sie dann ihr Augenlicht geschenkt bekommen. Odilia will uns daran erinnern, dass wir alle in der Taufe erleuchtet worden sind. Das Licht des Glaubens möge uns jetzt in der dunklen Zeit begleiten, damit wir alles im Licht Jesu sehen. So kann uns klar werden, worum es in unserem Leben geht. Der Glaube selbst ist ein Licht, das uns erhellt. Es lässt uns durch den äußeren Schein hindurch auf den Grund aller Dinge schauen. Und auf dem Grund aller Dinge werden wir im

Licht des Glaubens Gott selbst erkennen, den menschgewordenen Gott, der in allem ist und wirkt.

In der dritten Adventswoche geht es auch um Heilung. Nach Heilung sehnen wir uns alle. Denn wir fühlen uns verwundet – verletzt von Menschen, die uns nicht verstehen, die uns hart behandeln oder die uns ablehnen. Und viele Menschen fühlen sich in ihrer Partnerschaft wund gerieben. Sie verwunden sich ständig in ihrem Miteinander. Dort gibt es Missverständnisse, die dann sofort zur Verurteilung, zur Kränkung oder zur Ablehnung des anderen führen. Und viele finden aus diesem Kreislauf der gegenseitigen Verletzungen nicht heraus.

Die Adventszeit ist die Zeit, sich nach Heilung der Wunden zu sehnen. Wir sehnen uns danach, dass wir an Weihnachten eine heile Familie erleben dürfen. Wir hoffen, dass die Verletzungen, die im Laufe des Jahres geschehen sind, uns nicht daran hindern, miteinander achtungsvoll umzugehen und Frieden zu erleben. Wir sehnen uns nicht nur nach innerer Heilung und nicht nur nach einer heilen Familie, sondern auch nach einer heilen Welt, in der wir uns geborgen fühlen und die uns Heimat ist.

O Oriens – O Aufgang

O Oriens,
splendor lucis aeternae,
et sol justitiae,
veni, et illumina
sedentes in tenebris
et umbra mortis.

O Morgenstern,
Glanz des unversehrten Lichtes,
der Gerechtigkeit strahlende Sonne:
Komm und erleuchte,
die da sitzen in Finsternis
und im Schatten des Todes.

Auch die fünfte O-Antiphon greift Bilder auf, die uns das Alte und das Neue Testament von Jesus Christus anbieten. Jesus ist der Morgenstern, der aufgeht und uns den neuen Tag ankündigt.

Im Lateinischen steht hier einfach nur »oriens«, »Aufgang«. Der Evangelist Lukas spricht im Lobgesang des Zacharias vom aufstrahlenden Licht aus der Höhe. Im Lateinischen heißt es hier: »oriens ex alto«. Aus der Höhe kommt der Morgenstern und er geht über uns auf.

Der Zweite Petrusbrief spricht vom Morgenstern als dem »lucifer«, dem »Lichtträger«; das Wort der Propheten, das in Jesus erfüllt wurde, ist für uns

»ein Licht, das an einem finsteren Ort scheint, bis der Tag anbricht und der Morgenstern aufgeht in eurem Herzen«. (2 Petrus 1,19)

Dies ist ein schönes Bild. Das Wort der Propheten, das wir in der Adventszeit immer wieder hören, ist wie ein Licht, das an einem finsteren Ort leuchtet.

Der Verfasser des Zweiten Petrusbriefs betrachtet unseren Zustand als dunkel und finster, weil wir ohne Hoffnung sind. Wir haben aber die Worte der Propheten und sollen daran festhalten, bis der Tag anbricht. Dann wird Christus selbst als der wahre Morgenstern in unseren Herzen aufgehen. Christus strahlt als Lichtbringer in unseren Herzen auf. Er schenkt uns eine erleuchtende Erkenntnis. Jetzt wird uns auf einmal alles klar. Wir sind ganz im Licht. Die Worte der Propheten weisen auf Christus hin, der als Licht in uns aufstrahlt und alle Dunkelheiten unserer Seele erhellt.

Das Bild vom »Glanz des unversehrten Lichtes« bezieht sich auf Aussagen des Hebräerbriefes, die am Ersten Weihnachtsfeiertag gelesen werden. Jesus Christus ist der Abglanz von Gottes Herrlichkeit, das Bild des ewigen und unversehrten Lichtes, das nicht mehr untergehen und nicht mehr verdunkelt werden kann. In Jesus leuchtet uns ein klares unversehrtes und ungetrübtes Licht auf: das göttliche Licht, das auch uns erleuchtet und alles Trübe in uns klärt.

Wir erleben uns selbst oft als getrübt. Die jüdische Tradition spricht davon, dass wir uns von den Trübungen reinigen müssen, die uns der Vater, die uns die Mutter und die wir uns selbst bereitet haben. Wir sehen uns nicht so, wie wir sind, sondern durch die Brille unserer Projektionen. Und die Projektionen unserer Eltern haben unser Selbstbild getrübt. Wenn das unversehrte Licht Christi in uns aufleuchtet, dann vertreibt es all die getrübten Bilder, die unser wahres Wesen verstellen. Im Glanz seines Lichts kommen wir in Berührung mit unserem wahren Selbst.

Ein weiteres Bild spricht von der Sonne der Gerechtigkeit. Dieses Bild stammt vom Propheten Maleachi. Am Tag der göttlichen Gerechtigkeit werden die Frevler zu Spreu. Alle überheblichen Menschen werden im Feuer verbrennen:

> *»Für euch aber, die ihr meinen Namen fürchtet, wird die Sonne der Gerechtigkeit aufgehen, und ihre Flügel bringen Heilung. Ihr werdet hinausgehen und Freudensprünge machen, wie Kälber, die aus dem Stall kommen.«*
> *(Maleachi 3,20)*

Dies sind wunderbare Bilder für den Tag der Gerechtigkeit, den Gott uns schenkt. Wenn Jesus geboren wird, geht uns die Sonne der Gerechtigkeit auf. Sie macht alles richtig, sie lässt die Gerechtigkeit auf Erden aufblühen. Die Menschen werden einander gerecht werden. Und sie werden gerechte Verhältnisse in der Welt schaffen. Das wird ein Tag der Freude sein. Wie Kälber werden wir Freudensprünge machen, weil alle Finsternis vertrieben ist und weil die Frevler uns nicht mehr bedrängen. Im Licht der ewigen Sonne werden wir voller Freude sein. Von dieser Sonne der Gerechtigkeit, die uns in Jesus Christus aufgeht, schreibt der Liederdichter Paul Gerhardt Mitte des 17. Jahrhunderts:

> *»Ich lag in tiefster Todesnacht,*
> *du warest meine Sonne,*
> *die Sonne, die mir zugebracht*
> *Licht, Leben, Freud und Wonne.*
> *O Sonne, die das werte Licht*
> *des Glaubens in mir zugericht',*
> *wie schön sind deine Strahlen.«*

Der bittende Flehruf dieser O-Antiphon lautet: »Komm und erleuchte, die da sitzen in Finsternis und im Schatten des Todes.« Diese Bitte bezieht sich auf die weihnachtliche Verheißung aus dem Propheten Jesaja:

> *»Das Volk, das im Dunkel lebt, sieht ein helles Licht; über denen, die im Land der Finsternis wohnen, strahlt ein Licht auf.« (Jesaja 9,1)*

Georg Friedrich Händel hat diese Stelle in seinem Oratorium »Der Messias« wunderbar vertont. In diesen Worten leuchtet ihm die Weihnachtsbotschaft auf. Der Bass drückt in kreisenden Melodiefiguren das Sitzen im Schatten des Todes aus. Und dann hebt er sich beim Wort »Licht« immer wieder in die Höhe, um die Sehnsucht nach diesem Licht zum Ausdruck zu bringen.

Der Evangelist Lukas bezieht sich im Lobgesang des Zacharias auch auf diese Stelle, wenn er schreibt, dass uns das aufstrahlende Licht aus der Höhe besuchen wird,

> *»um allen zu leuchten, die in Finsternis sitzen und im Schatten des Todes« (Lukas 1,79).*

Diese Formulierung beschreibt unsere Situation, die wir alle kennen: Wir sitzen in der Finsternis. Alles um uns herum und in uns ist finster. Wir sehen kein Licht. Die Seele ist verdunkelt durch Traurigkeit, Schmerz und Depression.

Viele Menschen fühlen sich so, wenn ihnen ein lieber Mensch durch den Tod entrissen worden oder wenn ihnen ihr Lebenstraum zerbrochen ist. Sie erleben dann ihr Leben als ein Hausen im Schatten des Todes. Der Tod lastet mit seiner Schwere auf ihnen. Sie haben Angst vor dem Tod, der sie erwartet. Oder aber alles, was sie leben, atmet einen Todesgeruch. Alles ist leblos, sinnlos und leer. Alle Menschen, die solche Finsternis in sich und um sich herum erleben, flehen voller Sehnsucht, dass Christus sie als Morgenstern, als Sonne der Gerechtigkeit und als Glanz des unversehrten Lichtes erleuchten möge.

Wenn er uns erleuchtet, dann lichtet sich alles Dunkle, und wir verstehen unser Leben. Wir blicken durch. Wir sehen klar. In der dunklen Zeit des Advents sehnen wir uns nach dem Licht, das unser Leben erhellt, damit wir voll Zuversicht unseren Weg weitergehen können.

O Rex Gentium – O König der Völker

O Rex Gentium,
et desideratus earum,
lapisque angularis,
qui facis utraque unum:
veni, et salva hominem,
quem de limo formasti.

O König aller Völker,
ihre Erwartung und Sehnsucht;
Schlußstein, der den Bau zusammenhält:
O komm und errette den Menschen,
den du aus Erde gebildet.

Jesus Christus wird in dieser sechsten O-Antiphon König aller Völker genannt. Schon die Evangelien nennen ihn den wahren König. Matthäus schildert uns, wie die Weisen aus dem Orient nach Jerusalem kommen und die Frage stellen:

> *»Wo ist der neugeborene König der Juden? Wir haben seinen Stern aufgehen sehen und sind gekommen, um ihm zu huldigen.«* (Matthäus 2,2)

Die Weisen aus dem Osten erkennen im Kind in der Krippe den König. Und sie bringen ihm königliche Geschenke. Das Gold gilt dem König, der Weihrauch dem Gottessohn und die Myrrhe dem, der durch seinen Tod am Kreuz unsere Wunden heilt.

Matthäus beschreibt das Weltgericht so, dass Jesus als der König die Schafe von den Böcken scheidet. (Vgl. Matthäus 25,33f) Und am Kreuz hatten die Römer eine Aufschrift angebracht, um seine Schuld anzugeben:

> *»Das ist Jesus, der König der Juden.« (Matthäus 27,37)*

Jesus ist König, aber so ganz anders, als es die damaligen Könige vorgelebt haben: Er unterscheidet sich vor allem vom König Herodes, der vor lauter Angst erschrak, als ihm die Weisen aus dem Morgenland von dem neugeborenen König berichten.

Der Evangelist Johannes hat das anders geartete Wesen von Jesu Königtum vor allem in seiner Passion eindrucksvoll geschrieben. Johannes verwandelt das Königsbild seiner Zeit. Gegenüber dem mächtigen Statthalter Pilatus ist Jesus der eigentlich ruhige und damit souveräne König. Er antwortet dem Pilatus auf seine Frage, ob er ein König sei:

> *»Du sagst es, ich bin ein König. Ich bin dazu geboren und dazu in die Welt gekommen, dass ich für die Wahrheit Zeugnis ablege.« (Johannes 18,37)*

Jesus ist nicht ein König, der mit Macht über die Menschen herrscht, sondern ein König, der sich nicht von der Lüge der Menschen bestimmen lässt, sondern für die Wahrheit Zeugnis ablegt. König ist nach Johannes derjenige, der die Tiefen des Menschseins kennt, der die Wahrheit lebt und diese offenbart. König ist hier kein Herrscherbegriff, sondern eher ein philosophischer oder spiritueller Begriff. Der König ist der Weise, der von nichts beherrscht wird, sondern in sich selbst herrscht, weil er alle Höhen und Tiefen des Lebens kennt und vor nichts Angst hat.

Johannes weist auch auf den göttlichen Ursprung von Jesu Königtum hin. Jesus sagt von sich:

> *»Mein Königtum ist nicht von dieser Welt.«*
> *(Johannes 18,36)*

Weil sein Königtum nicht von dieser Welt ist, kann ihm auch kein irdischer König etwas anhaben. Pilatus mag ihn kreuzigen lassen, aber seine königliche Würde kann er ihm nicht rauben. Denn diese ist nicht von dieser Welt. Demnach hat auch die Welt keine Macht über und keinen Zugriff auf sein Königtum.

Was Jesus von sich sagt, das dürfen wir in der Gemeinschaft mit ihm auch von uns sagen: Es gibt in uns ein Königtum, das nicht von dieser Welt ist. Es gibt in uns eine Würde, die durch keine Verletzung oder Kränkung, durch keine Gewalt oder Unterdrückung zerstört werden kann. Es gibt in uns etwas, was diese Welt übersteigt, über das diese Welt daher auch keine Macht hat. Das macht den wahren König aus.

Ich lasse in Seminaren manchmal die Menschen ihr König- beziehungsweise Königinnensein konkret üben. Sie gehen aufrecht durch den Raum und stellen sich dabei vor, dass sie auf dem Haupt eine Krone tragen. Sie sagen sich dabei: »Ich gehe durch meine Schwächen hindurch – durch Situationen, in denen ich klein gemacht und verletzt wurde, in denen ich kein Selbstvertrauen hatte.« Und sie sagen sich dabei auch immer wieder vor: »Mein Königtum ist nicht von dieser Welt.« Wenn ich diese Übung mache, werde ich mitten in Situationen von Kränkung und Erniedrigung eine königliche Würde in mir spüren, die mir niemand nehmen kann.

Wenn die sechste O-Antiphon Jesus den König der Völker nennt, dann sagt sie damit, dass er der eigentliche Herrscher ist, auch wenn er keine militärische Macht hat. Er herrscht durch seine Wahrheit und durch seine Würde. Er hat die Welt in der Hand. Und die äußerlich Herrschenden, die an ihrer Macht festhalten, stehen auf tönernen Füßen. Maria hat schon im Magnifikat besungen, dass Gott in der Geburt Jesu alle Maßstäbe dieser Welt zerbrechen wird:

> *»Er stürzt die Mächtigen vom Thron und erhöht die Niedrigen.« (Lukas 1,52)*

Von diesem König sagt die Antiphon, dass er die Erwartung und Sehnsucht der Völker oder – wie es im Lateinischen heißt: – der »desideratus« sei. »Desideratus« hängt mit »sidera« zusammen, das sind die »Sterne«. Auf Jesus richtet sich unsere Sehnsucht. Wir sind voller Hoffnung, dass derjenige, der über den Sternen steht, zu uns auf die Erde kommt und dass sich durch ihn auch unser Herz an jenen Stern bindet, der am Horizont unseres Herzens aufleuchtet.

Sehnsucht heißt, dass wir uns ausstrecken nach demjenigen, der jenseits all unserer Bedürfnisse und Wünsche ist und der sie deshalb allein wirklich zu erfüllen vermag.

Karl Rahner, der große Theologe, hat versucht darzustellen, dass letztlich in jedem Menschen die Sehnsucht nach dem menschgewordenen Gott steckt. Jeder hat eine Ahnung davon, dass Gott nicht nur der ist, der über allen Sternen ist, sondern dass Gott sich in einem menschlichen Antlitz zeigt. Jesus, der menschgewordene Gottessohn, erfüllt diese tief in der menschlichen Seele angelegte Sehnsucht. So ist er der Ersehnte aller Völker. Alle warten letztlich auf sein Kommen. Dann erfüllt sich ihre tiefste Sehnsucht nach Heil, nach Erlösung und nach Freiheit.

Der König aller Völker wird in dieser sechsten O-Antiphon auch als »Schlussstein, der den Bau zusammenhält«, beschrieben. Im Lateinischen heißt es: »lapis angularis, qui facis utraque unum«. Das bedeutet übersetzt: »Eckstein, der du beides zu einem machst.« Jesus hat sich selbst im Gleichnis von den bösen Winzern als Eckstein bezeichnet:

> *»Habt ihr nicht das Schriftwort gelesen: Der Stein, den die Bauleute verworfen haben, er ist zum Eckstein geworden.« (Markus 12,10)*

Jesus hält den Bau der Kirche zusammen. Er hält unsere Gemeinschaft zusammen. Er hält aber auch mein persönliches Lebenshaus zusammen. Er ist der Grund, auf dem ich mein Lebenshaus bauen kann. Jesus selbst hat sich als Fels bezeichnet, auf dem wir unser Haus bauen sollen. Wenn wir es auf ihn bauen, dann werden die Stürme und Wogen es nicht zum Einsturz bringen. (Vgl. Matthäus 7,24ff)

Ich selbst bringe oft nicht zusammen, was in mir ist und oft genug auseinanderstrebt. Jesus hält meinen Bau zusammen. Und er hält die Gegensätze in mir zusammen, macht sie eins und führt sie zur Einheit. Jeder von uns hat in sich immer verschiedene Pole. Und oft fühlen wir uns zwischen diesen Gegensätzen zerrissen: zwischen hell und dunkel, zwischen Liebe und Hass, zwischen Stärke und Schwäche, zwischen Gut und Böse, zwischen Geist und Trieb.

Jesus führt das Gegensätzliche in mir zusammen. Er vereint in mir, was ich nicht zusammenbringe. Das ist eine Ursehnsucht: eins zu werden, nicht zwischen den verschiedenen Bestrebungen meines Leibes und meines Geistes zerrissen zu werden. Dies ist auch die Sehnsucht, die in der dritten Adventskerze zum Ausdruck kommt: dass alle drei Bereiche – Bauch, Herz und Kopf –, die sich oft widerstreiten, von dem einen Licht erleuchtet werden und so selbst zu einem einzigen Licht werden.

Der Epheserbrief hat das Kreuz Jesu als den Weg beschrieben, das Gegensätzliche in uns miteinander zu verbinden:

> *»Er ist unser Friede. Er vereinigte die beiden Teile (Juden und Heiden) und riss durch sein Sterben die trennende Wand der Feindschaft nieder.« (Epheserbrief 2,14)*

Durch seinen Tod am Kreuz hat Jesus nicht nur Juden und Heiden, sondern auch das Gegensätzliche in uns miteinander verbunden. Das Fromme und das Gottlose, das Spirituelle und das Weltliche hat er durch seine Liebe, mit der er am Kreuz alle geliebt hat, miteinander verbunden. Es widerstreitet nicht mehr in uns. Vielmehr ist alles in uns von der Liebe Jesu am Kreuz berührt und durchdrungen und so vereinigt worden.

Die sehnsuchtsvolle Bitte der sechsten Antiphon lautet: »O komm und errette den Menschen, den du aus Erde gebildet.« Im Lateinischen steht hier: »Salva hominem, quem de limo formasti.« Das bedeutet wörtlich übersetzt: »Heile den Menschen, den du aus dem Lehm geformt hast.«

Wir sind aus dem Lehm der Erde geformt und hinfällig, sterblich, verwundet. Wir bitten: Jesus möge uns heilen, er möge unsere Kränkungen heilen, die wir im Lauf des Lebens erfahren haben. Aber er möge uns auch in unserer Brüchigkeit heilen, die durch unsere menschliche Natur – aus Lehm gebildet – gegeben ist. Jesus heilt uns, indem er uns an unsere Herkunft aus dem Lehm erinnert und uns in die Demut – in die »humilitas« (aus dem Humus genommen) – führt.

Wir werden nur heil, wenn wir den Mut haben, in die eigene Erdhaftigkeit hinabzusteigen. Jesus heilt uns, indem er selbst vom Himmel zur Erde herabsteigt, um Mensch zu werden. Er hat die menschliche Natur angenommen, die aus der Erde gebildet ist.

Anregungen

Es sind drei Bilder, die Sie, liebe Leserin, lieber Leser, in die dritte Adventswoche mitnehmen und die Sie sich immer wieder vor Augen führen sollen:

Da ist als **erstes Bild** *das Bild des Lichtes. Achten Sie genau auf die Dunkelheit. Und schauen Sie in das warme Licht der Kerze hinein, die in der Dunkelheit brennt: Was macht dieses warme Licht mit Ihnen? Woran erinnert es Sie? Welche Sehnsucht taucht auf, wenn Sie ins Licht schauen?*

Anschließend schauen Sie in sich selbst hinein und vertrauen darauf, dass auf dem Grund Ihrer Seele Licht ist. Wenn Sie in sich hineinschauen, dann stoßen Sie nicht nur auf Chaos, auf Dunkelheit und auf Schuld, sondern auf dem Grund Ihrer Seele auf innere Klarheit, auf einen lichten und hellen Raum, auf einen Raum der Stille, der erfüllt ist von Liebe.

Das **zweite Bild** *ist der Eckstein, der alles zusammenhält und der das Gegensätzliche vereint. Fragen Sie sich nach dem Grund, auf dem Sie Ihr Lebenshaus gebaut haben: Was ist der Grund, auf dem Sie stehen? Was ist die Grundlage Ihrer Partnerschaft, Ihrer Familie? Was ist der Grundkonsens, auf dem Sie in Ihrer Firma aufbauen?*

Stellen Sie sich vor, dass Christus der eigentliche Grund ist, auf dem Ihr Haus steht. Christus ist der Fels, auf den Sie Ihr Haus gebaut haben. Sie haben es nicht auf den Sand von Illusionen gebaut, sondern auf den festen Felsen, der letztlich Christus selbst ist. Und wenn Ihr Haus auf dem Fels Christus steht, dann hält Christus als der Eckstein alles in Ihnen zusammen –

selbst das, was Sie selbst nicht zusammenbringen. Dort, wo Sie sich zerrissen fühlen, vereint er alles, so dass Sie in Ihrem Haus, so wie es ist, wahrhaft zu Hause sein können.

Das **dritte Bild** *beschreibt die Heilung, das Heil, das heile Leben, die heile Welt. Trauen Sie Ihrer Sehnsucht nach Heilung und nach einer heilen Welt, so wie sie uns die Propheten des Alten Testaments in ihren Prophezeiungen vor Augen führen. Lassen Sie diese Worte in sich einströmen. Dann kommen Sie in Berührung mit dem Heilen, das auf dem Grund Ihrer Seele liegt.*

Jeder von uns hat auch verletzte Bereiche in seiner Seele und in seinem Leib. Aber stellen Sie sich vor, dass unterhalb aller Verletzungen und Kränkungen ein Raum von Heil und Heilung ist. Dort, wo Christus, der wahre Arzt, zu Ihnen kommt und in Ihnen wohnt, dort sind Sie heil und ganz. Dort kann Sie niemand verletzen. Und dort haben auch die verletzenden Erfahrungen Ihrer Kindheit keinen Zutritt. Dort sind Sie trotz aller Kränkungen gesund geblieben.

Vierte Adventswoche

Die vierte Adventswoche ist oft sehr kurz. In dieser Woche drängt schon alles auf Weihnachten hin. Das Bild, das uns in dieser Woche beschäftigt, ist das Bild des »Immanuel«, des »Gott ist mit uns«.

An Weihnachten kommt Gott zu uns, um immer mit uns zu sein. An Weihnachten werden alle Verheißungen des Alten Bundes erfüllt. Immer wieder hat Gott einzelnen Menschen im Alten Testament zugesagt: »Ich bin mit dir.« Und er hat seinem Volk zugesagt: »Ich bin mit euch.« Jetzt wird diese Zusage für immer Wirklichkeit: Gott hat sich für immer an uns Menschen gebunden. Er ist einer von uns geworden. Er ist immer mit uns. Ja man könnte diese Gottesbezeichnung »Immanuel« auch mit den Mystikern so übersetzen: Gott ist in uns.

Gott geht mit uns. Aber Gott hat sich in den Menschen Jesus eingefleischt. Er hat sich ganz und gar mit diesem Menschen verbunden. Er ist in ihm. Und weil Gott in Jesus ist, ist er nun auch in uns. Das ist wohl die tiefste Sehnsucht, die wir in uns spüren: dass Gott nicht nur in unserer Nähe ist, dass er nicht nur für uns eintritt und mit uns geht, sondern dass er in uns selbst ist, dass er in uns Wohnung nimmt.

O Emmanuel – O Immanuel, Gott mit uns

O Emmanuel,
Rex et legifer noster,
expectatio gentium,
et salvator earum:
veni ad salvandum nos,
Domine, Deus noster.

O Emmanuel,
unser König und Lehrer,
du Hoffnung und Heiland der Völker:
O komm, eile und schaffe uns Hilfe,
du unser Herr und unser Gott!

Emmanuel ist ein Name für Gott, der den alten Jahwenamen in das Leben hineinübersetzt. Er meint: »Gott ist mit uns«. Eigentlich hat der Name »Jahwe« dieselbe Bedeutung:

> *»Ich bin der ›Ich-bin-da‹«. (Exodus 3,14)*

Ich bin für euch da. Ich bin mit euch. Emmanuel ist eine Aussage und objektive Beschreibung dessen, was Gott ist, während Gott sich im Jahwenamen selbst offenbart.

Jesaja verheißt dem König Ahas, der an Gottes Zusagen zweifelt, dass die Jungfrau ein Kind gebären wird:

»Sie wird einen Sohn gebären, und sie wird ihm den Namen Immanuel (Gott mit uns) geben.« (Jesaja 7,14)

Der Evangelist Matthäus zitiert diese Stelle, als der Engel dem Joseph im Traum erscheint und ihm verheißt, dass Maria einen Sohn gebären wird:

»Ihm sollst du den Namen Jesus geben; denn er wird sein Volk von seinen Sünden erlösen.« (Matthäus 1,21)

Und dann begründet Matthäus dieses Geschehen mit der Erfüllung der Verheißung aus dem Propheten Jesaja:

»Dies alles ist geschehen, damit sich erfüllte, was der Herr durch den Propheten gesagt hat: Seht, die Jungfrau wird ein Kind empfangen, einen Sohn wird sie gebären, und man wird ihm den Namen Immanuel geben, das heißt übersetzt: Gott ist mit uns.« (Jesaja 1,22f)

Matthäus liebt es, das Geschehen um und mit Jesus immer wieder als Erfüllung von alttestamentlichen Verheißungen zu verstehen. In Jesus wird das Wirklichkeit, was der göttliche Name »Immanuel« im Alten Testament nur angedeutet hat. Jetzt ist Gott wirklich immer mit uns. In Jesus ist er bei uns, geht mit uns unsere Wege und bleibt mit uns solidarisch. Am Ende seines Evangeliums bekräftigt Matthäus nochmals, dass Jesus mit uns geht. Jesus gibt den Jüngern nach seiner Auferstehung den Auftrag, in alle Welt zu gehen und das Evangelium zu verkünden. Und er schließt bei Matthäus seine Aufforderung mit der Zusage:

»Seid gewiss: Ich bin bei euch alle Tage bis zum Ende der Welt.« (Matthäus 28,20)

Und Jesus verheißt den Völkern, dass er durch das Wirken seiner Jünger zu allen Zeiten in ihrer Mitte sein wird. Immer wenn sich zwei oder drei in seinem Namen versammeln, ist er mitten unter ihnen. (Vgl. Matthäus 18,20) Im gemeinsamen Gebet und in der Liturgie, die wir feiern, erfüllt sich die Verheißung des Immanuels. Jetzt ist Jesus mitten unter uns. Und in ihm wohnt Gott selbst bei uns.

»Immanuel« ist in dieser siebten O-Antiphon der eigentliche Hoheitstitel für Jesus. Dazu kommen noch die beiden Begriffe »König« und »Lehrer«. Jesus als König haben wir schon in der sechsten Antiphon besungen. Jetzt wird er auch als Lehrer gesehen, der uns aufzeigt, wie unser Leben gelingt.

Jesus wird als Hoffnung und Heiland der Völker bezeichnet. Jesus erfüllt die Hoffnung und Sehnsucht der Völker. Er ist derjenige, nach dem sich die Völker schon seit jeher gesehnt haben – auch die Menschen in anderen Religionen. Sie alle hatten eine Ahnung davon, dass Gott unsere tiefste Sehnsucht erfüllt. Sie ahnten, dass er zu uns hinabsteigt, mit uns geht und unser Leben mit uns teilt.

Jesus ist auch der Heiland, der unsere Wunden und unsere Brüchigkeit heilt und das Zerrissene in uns ganz macht. Nach dieser Heilung sehnen wir uns alle. Heute geben viele Menschen sehr viel Geld aus, um an ihrer Gesundheit festzuhalten. Aber keiner kann für seine Gesundheit garantieren. Sie ist letztlich immer Geschenk. Wir sehnen uns nach demjenigen, der uns gesund leben lässt.

Die siebte O-Antiphon schließt mit einer Bitte, die alle bisherigen Bitten gleichsam zusammenfasst: »O komm, eile und schaffe uns Hilfe, du unser Herr und unser Gott!« Im Lateinischen steht hier wieder »ad salvandum nos«. Das meint: Komm, uns zu heilen, zu erlösen, zu retten, vor Gefahren und vor dem Untergang zu bewahren.

»Salvare« kann vieles bedeuten. Es entspricht dem griechischen Wort »sozein« und bedeutet »heilen«, »bewahren«, »retten«. Jesus kommt, um unsere Wunden zu heilen. Er rettet uns aus den Verstrickungen unserer Schuld, aber auch aus dem Versinken im Sumpf unseres Lebens. Und er bewahrt unser wahres Selbst. Er schützt unseren inneren Kern, das ursprüngliche Bild Gottes in uns. Er bewahrt uns davor, dass wir innerlich auseinanderfallen und dass wir unsere Mitte verlieren, die alles zusammenhält.

Die deutsche Übersetzung »Schaffe uns Hilfe« fasst all das zusammen, was das lateinische Wort »salvare« und das griechische Wort »sozein« bedeuten. Jesus Christus soll uns helfen in unseren Nöten. Er soll uns davor bewahren, dass wir im Strudel des Lebens untergehen. Er möge uns aus den Stürmen retten, die um uns toben.

Es ist auch die Sehnsucht nach Schutz, die in diesem »Schaffe uns Hilfe« zum Ausdruck kommt: die Sehnsucht, vor allen Irrwegen, vor Verletzungen und vor dem Untergang bewahrt zu bleiben. Es geht um die Sehnsucht, dass Gott seine Zusage des »Immanuel« erfüllt, dass er wirklich mit uns ist, dass er für uns da ist, wenn wir in Not sind, und dass er uns hilft, wenn wir uns selbst nicht mehr helfen können.

Diese Bitte um Hilfe richten wir an den Herrn, unseren Gott. Wir reden ihn mit Du an: »Komm uns zu Hilfe, du unser Herr und unser Gott.« Mit dem »Herrn« kann Gott selbst gemeint sein. Er ist der eigentliche Herr und Herrscher. Herr – im Griechischen: »kyrios« – ist aber im Neuen Testament auch die Bezeichnung für Jesus Christus. Der Engel hat den Hirten verkündet:

»Heute ist euch in der Stadt Davids der Retter geboren;
er ist der Messias, der Herr.« (Lukas 2,11)

Im Griechischen stehen hier die drei Begriffe: »sotér«, »Christos« und »kyrios« – und im Lateinischen »salvator«, »Christus« und »dominus«. »Christus« steht für die Verheißung des Messias, nach dem sich vor allem das Volk Israel gesehnt hat. »Sotér« steht für die Sehnsucht der Juden und Griechen nach dem Gott, der rettet und heilt – und nach einem Menschen, in dem Gott sein heilendes und rettendes Handeln konkret werden lässt. »Kyrios« ist die Ehrenbezeichnung Jesu. Jesus ist der Herr. Und wenn Jesus in mir Herr ist, dann werde ich nicht mehr von meinen Bedürfnissen beherrscht – und auch nicht von den Erwartungen der anderen Menschen. Ich bin selbst Herr im Haus. Ich beherrsche mich selbst.

Indem Jesus unser Herr ist, befreit er uns von allen anderen Herren. Wir werden wahrhaft frei, heil und ganz. Diesen Herrn flehen wir in der letzten Adventswoche an, dass er in uns herrsche. Seine Herrschaft hat nichts Hartes an sich. Er wird das Kind sein, das in der Krippe liegt. Es soll in uns herrschen. Es herrscht mit seiner Liebe und nicht mit äußerer Macht. Und ein Kind wollen wir gerne in uns herrschen lassen. Es bringt neues Leben in unser Herz: ein Leben, das wirklich heil ist, frei und voller Liebe.

Anregungen

Gehen Sie, lieber Leser, liebe Leserin, mit dem Bild des Immanuel durch die letzten Tage des Advents. Stellen Sie sich vor: Ich gehe jetzt nicht allein durch die Stadt, vielmehr ist Gott bei mir. Jesus Christus ist bei mir. Wenn Sie das Jesusgebet kennen, können Sie auch mitten im Trubel des Weihnachtseinkaufes dieses Gebet mit Ihrem Atem verbinden. Sie sagen dann in Ihrem Atemrhythmus: »Herr Jesus Christus, Sohn Gottes, erbarme dich meiner!« Jetzt spüren Sie, dass Sie nicht allein sind. Dieser Jesus, Immanuel, ist in Ihnen und geht mit Ihnen.

Diese Erfahrung verändert Ihr Gehen. Sie werden nicht so hektisch gehen. Wenn Sie mit dem Jesusgebet durch den verschneiten Wald gehen, dann wird Ihr Gehen anders. Sie gehen bewusst. Sie spüren: Überall, wo ich hinschaue, ist auch Christus. Er durchdringt die Welt. Er geht mit mir auf allen Wegen. Er ist aber auch schon an den Orten, zu denen ich komme. Er ist die Wirklichkeit, die mich immer und überall umgibt.

Im Gedanken an Weihnachten – an die Geburt Jesu in der Höhle von Betlehem – spüren Sie, dass es ein zärtlicher Gott ist, der da mit Ihnen ist. Die Ostkirche hat sich die Geburt Jesu immer in einer Höhle vorgestellt. Die Höhle steht für die Mitte des Kosmos und für den mütterlichen Schoß der Erde. Wenn Gott Mensch wird, dann befruchtet der Himmel die Erde, dann nimmt die Erde wie ein Mutterschoß Gott in sich auf. Alles, was Sie jetzt um sich herum sehen, ist durch die Menschwerdung Gottes berührt, geheiligt und geheilt. Diese Welt ist nicht ohne Gott. Gott ist der Immanuel, der mit Ihnen alle Wege geht, so wie es Jesus Ihnen verheißen hat. Er ist aber auch der Immanuel, der mit dem Kosmos ist und der alles in der Welt mit seiner Liebe durchdringt. So kann die ganze Welt für Sie, liebe Leserin, lieber Leser, Heimat werden. Die Welt ist nicht mehr nur das Fremde, das Gottferne. Alles in Ihnen und um Sie herum atmet Gott, seit Gott in Jesus Christus selbst Mensch geworden ist und sich in diese Welt eingefleischt hat.

Die Wirklichkeit von Weihnachten in sich einbilden

Ich wünsche Ihnen, liebe Leserin, lieber Leser, dass Sie durch die O-Antiphonen, die Sie in der Adventszeit begleitet haben, offen für das Geheimnis von Weihnachten geworden sind.

Wir können das Geheimnis von Weihnachten nur in Bildern beschreiben. Die frühe Kirche hat diese Bilder oft aus dem Alten Testament genommen. Um dieses außergewöhnliche Geschehen der Menschwerdung zu beschreiben, braucht es so wunderbare Bilder wie das des brennenden Dornbusches, des Ecksteins, der alles zusammenhält, des Morgensterns, der den neuen Tag ankündigt, des Schlüssels, der uns die Tür zum wahren Leben aufschließt, der Wurzel, die unserem Leben Fruchtbarkeit schenkt. Die Evangelisten – darauf werde ich anschließend noch genauer eingehen – haben das Geheimnis der Menschwerdung Gottes auch in Bildern beschrieben, allen voran der Evangelist Lukas, der ja der Legende nach als Maler galt. Er hat mit seiner Sprache gleichsam ein Bild gemalt: Es ist das Bild der Krippe, in der das neugeborene Kind liegt, das Bild des Engels, der die Hirten mit seinem Licht umstrahlt, das Bild der musizierenden Engel, die das weihnachtliche Lied anstimmen:

»Ehre sei Gott in der Höhe, und auf Erden ist Friede bei den Menschen seiner Gnade.« (Lukas 2,14)

Lukas beschreibt in Bildern, die das Herz berühren, was in der Menschwerdung Gottes geschieht. Ein kleines Kind bewegt die Herzen der rauen Hirten. Ein Kind erleuchtet das Gesicht des greisen Simeon und bewegt ihn zum Lobpreis:

»Meine Augen haben das Heil gesehen, das du vor allen Völkern bereitet hast, ein Licht, das die Heiden erleuchtet, und Herrlichkeit für dein Volk Israel.« (Lukas 2,30–32)

Die Volksfrömmigkeit hat diese Bilder weitergeführt. Sie hat in immer neuen Bildern das Geheimnis von Weihnachten dargestellt. Es gibt die westlichen Bilder des Stalles mit der Krippe und mit Ochs und Esel. Es gibt aber auch die östlichen Bilder der Höhle und der Geburtsgrotte, die gleichsam die Mitte der Welt symbolisiert. Und es sind die vielen Bilder, die uns die verschiedenen Weihnachtslieder vor Augen führen.

Lassen Sie, liebe Leserin, lieber Leser, die Bilder der O-Antiphonen auf sich wirken. Die Bilder sollen sich in Ihr Herz einbilden, dann werden Sie Weihnachten anders feiern. Dann geht es gar nicht so sehr um Gefühle. Durch die Bilder der O-Antiphonen und durch die Bilder, die Ihnen in der Liturgie und auf vielen Weihnachtskarten begegnen, bildet sich die Wirklichkeit von Weihnachten in Sie ein. Dann geschieht Weihnachten in Ihnen, dann geschieht die Gottesgeburt in Ihrem Herzen. Und Sie kommen dann mit dem ursprünglichen und einzigartigen Bild in Berührung, das Gott sich von Ihnen gemacht hat. Dann werden Sie den Frieden von Weihnachten erfahren und all das, was Ihnen die O-Antiphonen verheißen haben: Freiheit, Rettung, Heilung, Hilfe.

TEIL 2

Weihnachtszeit:

Die biblischen Deutungen von Weihnachten

Gott wird einer von uns

Das Weihnachtsfest bewegt die Menschen. Auch wenn heute viele Menschen kaum noch das Geheimnis von Weihnachten verstehen, wie es uns der Glaube verkündet, so rührt dieses Fest doch an eine tiefe Sehnsucht, die hinter all dem äußeren Weihnachtstrubel sichtbar wird. In den Medien wird Weihnachten meistens als Fest der Familie gepriesen, als Fest, an dem wir auf Frieden in der Welt hoffen, und als Fest, an dem wir uns beschenken. Dabei wird immer auch die Sehnsucht angesprochen, dass durch das Fest die Gesinnung der Menschen friedvoller und liebevoller werde. Weihnachten ist ein Fest, an dem man sich auch für andere Menschen öffnet.

Was der tiefere Grund des Weihnachtsfestes ist, bleibt heute vielen Menschen verborgen. Daher möchte ich in diesem Buch die biblischen Texte, die an Weihnachten in der Liturgie gelesen werden, betrachten und für heute verständlich auslegen. Diese Texte zeigen uns die eigentliche Bedeutung des Festes.

Wir werden sehen, dass die biblischen Deutungen nicht nur die Sehnsucht der Menschen damals vor zweitausend Jahren, sondern auch unsere Sehnsucht heute berühren. Es kommt nur darauf an, die biblischen Texte bewusst in unsere Situation hinein zu deuten. So haben es schon die Evangelisten für ihre jeweilige Zeit und ihre Situation getan. Sie haben von dem gleichen Geschehen geschrieben, aber sie haben es jeweils in einen anderen geistigen Horizont hineingestellt. So ist es unsere Aufgabe, das Weihnachtsgeheimnis in den Horizont des heutigen Denkens, Fühlens und Hoffens hineinzustellen.

Die Bibel legt uns nicht fest, das weihnachtliche Geheimnis der Menschwerdung Gottes in einer ganz bestimmten Weise zu verstehen. Sie zeigt uns viele verschiedene Aspekte. Und sie zeigt uns, dass die Menschwerdung Gottes mit uns zu tun hat und dass sie unser Leben verwandelt. Die Weihnachtsbotschaft öffnet uns die Augen, damit wir uns selbst und unsere Welt mit neuen Augen anschauen.

Die Menschwerdung Gottes zeigt uns, dass Gott einer von uns geworden ist. So sind wir nie mehr allein auf dieser Erde, Gott selbst geht mit uns unsere Wege. Wir sind auch nicht allein mit unserem begrenzten Denken, mit unserer Hinfälligkeit und Brüchigkeit. Gott ist Mensch geworden, damit sein göttliches Leben in uns einströmt und uns von unserer Vergänglichkeit und Sterblichkeit befreit.

Wir hören biblische Texte. Aber oft verstehen wir sie nicht. Oder wir legen sie in einer ganz bestimmten Weise aus. Es ist deshalb gut, die biblischen Autoren zu befragen, was sie den Menschen damals sagen wollten und welche Botschaft sie heute an uns richten. Wenn wir die biblische Deutung des Weihnachtsgeheimnisses meditieren, dann soll uns das helfen, Weihnachten jedes Jahr bewusster zu feiern. Dann können wir mehr und mehr verstehen, worum es an diesem Fest der Menschwerdung Gottes geht.

Die Volksfrömmigkeit hat Weihnachten in einer ganz bestimmten Richtung als »Fest der Liebe« gedeutet. Diese Deutung hat die Herzen der Christen und auch vieler Nicht-Christen berührt und bis heute in den Bann geschlagen. Die Volksfrömmigkeit hat wesentliche Aspekte des Weihnachtsgeheimnisses angesprochen. Doch für uns Christen ist es gut, wenn wir uns immer wieder an die Urtexte heranwagen, die uns die Menschwerdung Gottes in Jesus Christus deuten. Wir werden erkennen, dass die Beschäftigung mit den alten Texten der Bibel uns immer wieder neue Perspektiven eröffnet, damit uns mehr und mehr das Geheimnis von Weihnachten aufgeht.

Zur Beschäftigung mit den Weihnachtstexten der Bibel möchte ich Sie, liebe Leserin, lieber Leser, nun einladen. Nutzen Sie die Weihnachtstage oder auch die Zeit bis zum 6. Januar – bis Epiphanie –, um die verschiedenen Perspektiven zu meditieren, die die unterschiedlichen Autoren und Texte auf das Geschehen der Menschwerdung Gottes werfen. Einige Motive und Themen aus den im Advent meditierten O-Antiphonen werden uns hier wieder begegnen.

Weihnachten und das Matthäusevangelium

Der Evangelist Matthäus erzählt uns keine Geschichte von der Kindheit Jesu. Matthäus ist Lehrer. Er erklärt uns das Geheimnis Jesu Christi, indem er es immer wieder mit Worten aus den alttestamentlichen Propheten beschreibt. Oft taucht sinngemäß die Formel auf: Das alles ist geschehen, damit erfüllt wird, was gesagt wurde vom Herrn durch den Propheten, der sagt ...

Matthäus verbindet das Neue, das in Jesus geschieht, mit alten Worten. Er ist überzeugt: Jedes Wort, das Gott einmal ausgesprochen hat, muss Wirklichkeit werden, muss erfüllt werden. In Jesus erfüllen sich all jene Worte, die Gott durch die Propheten ausgesprochen hat.

Für uns bedeutet dies: Jesus erfüllt alle Sehnsüchte, die in den Mythen der Völker und in allen Religionen immer wieder zum Ausdruck kommen. Jesus ist nicht nur für uns Christen in die Welt gekommen, sondern für alle Menschen, um ihre tiefste Sehnsucht nach Verwandlung und Heilung ihres Lebens anzusprechen und zu erfüllen.

Neuschöpfung in der Menschwerdung

Die Worte am Beginn des Matthäusevangeliums erinnern an die Schöpfungsgeschichte aus dem Buch Genesis. In Jesus beginnt eine neue Schöpfung. In ihm wird die Schöpfung gleichsam neu »aufgerollt«. Die Schöpfung wird erneuert, indem Gott selbst in sie eintritt. Matthäus stellt Jesus auch in die Geschichte Gottes mit Israel hinein. Dem Abraham hatte Gott verheißen:

> *»Durch dich sollen alle Geschlechter der Erde Segen erlangen.« (Genesis 12,3)*

In Jesus erfüllt sich diese Geschichte. In Jesus werden wir alle gesegnet, und unser Leben bekommt von Gott her neue Fruchtbarkeit.

Die Herkunft Jesu erklärt Matthäus mit dem Stammbaum, den er von Abraham bis Jesus entfaltet. Im Stammbaum begegnen wir der Theologie des Matthäus. Matthäus will uns durch den Stammbaum sagen: Gott ist in Jesus in unsere menschliche Geschichte eingetreten. Er heilt die Geschichte – nicht nur die Geschichte der Menschheit, sondern auch meine ganz persönliche Lebensgeschichten mit all ihren Höhen und Tiefen, mit ihrem Scheitern, ihren Umwegen und Irrwegen.

Jesus hat die Menschheit durch seine Geburt aus ihrer Zerrissenheit befreit und die Menschen miteinander verbunden. Wir sind in unserer Geschichte nicht mehr einfach nur dem Schicksal ausgesetzt. Jesus selbst ist in die Geschichte eingetreten und geht mit uns durch diese Geschichte hindurch. So können auch heute durch die Gegenwart Jesu immer wieder Wunder der Heilung geschehen, wie wir es etwa in unserer Zeit in der Aufhebung der Apartheid in Südafrika oder im Fall der Mauer im Jahr 1989 erleben durften.

Matthäus hat den Stammbaum Jesu kunstvoll aufgebaut. In ihm gibt es drei Mal vierzehn Geschlechter. Die Zahl »Drei« steht für die drei Bereiche im Menschen: Kopf, Herz und Bauch. Sie zusammen machen den Menschen aus. Und die Zahl »Vierzehn« ist die Zahl der Heilung: In Babylon verehrte man vierzehn helfende Götter. In der Menschwerdung Jesu will Gott uns ganz und gar heilen.

Es gibt vier Frauen im Stammbaum, die extra genannt werden. Alle vier Frauen sind Ausländerinnen, die von außen her in den Stammbaum kommen. Matthäus will damit nicht nur sagen, dass Jesu Botschaft allen Völkern gilt, sondern dass er auch das Fremde und Ausländische in uns selbst durch sein göttliches Leben annimmt.

Die vier Frauen verweisen auf Maria, die fünfte Frau. Sie passt genauso wenig wie die anderen vier Frauen in den Stammbaum. Denn der Stammbaum zielt ja auf Josef und nicht auf Maria. Aber von Maria wird gesagt, dass aus ihr Jesus geboren wurde,

»der der Christus genannt wird« (Matthäus 1,16).

Maria ist die fünfte Frau. In ihr kommt zur Vollendung, was in den anderen vier Frauen angedeutet wurde. In den Frauen durchbricht Gott den Stammbaum. Sie bringen Unregelmäßigkeit in die planmäßige Abfolge. Durch sie zeigt sich Gottes überraschendes Wirken, das sich nicht nach menschlichen Maßstäben richtet. Es wird deutlich, dass Christus die Geschichte mit all ihren Höhen und Tiefen, mit allen Wegen und Umwegen angenommen und erlöst hat.

In Maria gipfelt Gottes überraschendes Handeln. Durch sie setzt Gott mitten in der Geschichte von Heil und Unheil einen neuen Anfang. Wenn man will, kann man hier wieder die Zahlensymbolik bemühen. Maria ist die fünfte Frau. Den fünf Büchern Mose – den biblischen Büchern vom Buch Genesis bis zum Buch Deuteronomium – stehen bis Maria fünf Frauen gegenüber. Fünf ist die Zahl der Venus, der Liebesgöttin. Die Liebe vollendet das Gesetz.

Vier Schritte führen in den Stufen des Lebens von der Mineralwelt, über die Pflanzenwelt und Tierwelt zum Menschen. Der fünfte Schritt aber ist der Überschritt zum Göttlichen. In Maria überschreitet die Menschheit sich selbst und mündet in Gott, indem Gott selbst in ihr Mensch wird. Für uns heißt dies: Unsere Geschichte wird eine Geschichte des Gelingens und der Heilung, wenn Gott selbst in unsere Geschichte eintritt und wenn wir sein göttliches Leben in unsere Geschichte einströmen lassen.

Die Weisheit gelingenden Lebens

Der Evangelist Matthäus lädt uns ein, an Weihnachten unsere Lebensgeschichte mit all ihrem Auf und Ab Gott hinzuhalten. Wir dürfen hoffen, dass in Jesus göttliche Liebe in alle Ereignisse unseres Lebens hineinströmt und sie heilt und verwandelt. So können wir mit unserer Geschichte in Einklang kommen und mit allem einverstanden sein, was mit uns und in uns geschehen ist.

Matthäus lässt dem Stammbaum fünf Geschichten folgen, die die Umstände der Geburt Jesu und das Geschick des neugeborenen Kindes erzählen. Hier erscheint wieder die Zahl »Fünf« als Gliederungsprinzip. Die Zahl »Fünf« bezieht sich auf die Vollendung des Menschen. In Jesus wird der Mensch, der sich durch die Sünde selbst entfremdet hat, wieder ganz und heil.

Matthäus hat in seinem Evangelium – analog zu den fünf Büchern Mose im Alten Testament – fünf große Reden Jesu gestaltet. Wir sprechen von der »Quint-Essenz«, vom Eigentlichen und Wesentlichen. Jesus verkündet in seinen Reden eine Weisheit, die dem Wesen des Menschen voll und ganz entspricht. Seine Weisheit führt den Menschen zu sich selbst und zugleich in Gott hinein. Diese Weisheit haben wir – auch aus alttestamentlicher Perspektive – schon bei der ersten O-Antiphon kennengelernt.

Jesu Weisheit bringt die Weisheit des Mose zur Vollendung und verbindet sie zugleich mit der Weisheit aller Völker. Das wird an den Magiern deutlich, die das Jesuskind in der Krippe besuchen und bekennen, dass in diesem die Weisheit von Ost und West, von Nord und Süd vereinigt ist. Jesus ist der Lehrer der Weisheit. In seinen Worten finden wir die Weisheit, die auch in anderen Religionen verkündet wird, zusammengefasst und neu gedeutet. Seine Weisheit ist eine Weisheit, die uns den Weg zum gelingenden Leben zeigt.

Matthäus sieht Jesus als den neuen Mose. Jesus ist wie Mose ein Lehrer der Weisheit. Aber er ist auch der Befreier, der uns aus der Gefangenschaft in die Freiheit führt. So erzählt Matthäus die Geburtsgeschichte vor dem Hintergrund der Mosesgeschichte im Alten Testament.

Das beginnt schon mit der Sorge, die sich Josef um seine Verlobte Maria machte, als er erkannte, dass sie schwanger war. Auf die außereheliche Schwangerschaft stand damals der Tod durch Steinigung. Das Recht sah vor, dass die schwangere Verlobte gesteinigt würde. Josef ist ein gerechter Mann. Doch Josef folgt nicht blind dem Gesetz. Er verbindet seine Gerechtigkeit mit Barmherzigkeit. Das ist für Matthäus ein wichtiges Motiv.

Wenn Josef nur auf die Erfüllung des Gesetzes aus gewesen wäre, hätte er Maria zur Steinigung führen müssen. Doch er will nicht dem Gesetz, sondern dem Menschen gerecht werden. So sieht er als einzige Möglichkeit, Maria aus dem Verlöbnis zu entlassen und dadurch sowohl dem Gesetz als auch seiner Verlobten gerecht werden. Doch mitten in diese menschlichen Überlegungen tritt dem Josef im Traum ein Engel entgegen. Der Engel deutet ihm das Geschehen, das sein Verstand nicht zu verstehen vermag: Das Kind, das seine Verlobte erwartet, ist vom Heiligen Geist.

Josef erscheint in diesem Traum wie ein Freund Gottes, den der Engel in die geheimnisvollen Pläne Gottes mit seinem Volk einweist. Das Kind, das Maria gebären wird, wird für das ganze Volk von Bedeutung sein. Josef wird aufgefordert, Maria zu sich zu nehmen, damit ihr Kind jüdischem Recht entsprechend sein Sohn wird. Der Engel richtet den Josef auf. Er befreit ihn von seinen Grübeleien. Der Engel erklärt das Geheimnis des Kindes. Es entspringt dem göttlichen Schaffen, dem Wirken des Heiligen Geistes. Doch rechtlich wird Josef als sein Vater eingesetzt, und er soll dem Kind daher den Namen geben.

Matthäus deutet den Namen »Jesus« mit:

»Denn er wird sein Volk von seinen Sünden erlösen.« (1,21)

Das Volk meint hier nicht nur Israel, sondern die ganze Menschheit. Jesus wird alle Menschen aus den Banden der Sünde befreien. Hier klingt von vorneherein ein wichtiges Motiv des Matthäusevangeliums an. Jesus verkündet nicht nur die Vergebung, sondern er spricht die Vergebung der Sünden den Menschen auch vollmächtig zu. Er erlöst die Menschen von ihren Sünden, in die sie sich verstrickt und die sie von der Gemeinschaft mit Gott getrennt haben.

Gott für alle Menschen

In Jesus wird die schon vorher zitierte messianische Verheißung erfüllt:

»Seht, die Jungfrau wird ein Kind empfangen, einen Sohn wird sie gebären, und man wird ihm den Namen Immanuel geben, das heißt übersetzt: Gott ist mit uns.« (Matthäus 1,23)

Matthäus zitiert hier den Text aus dem siebten Kapitel des Propheten Jesaja. Im Jahr 735 vor Christus war das Volk Israel in großer Gefahr. In dieser Gefahr weist der Prophet Jesaja den König Ahas, der nicht auf Gottes Wort hören will, auf ein Zeichen hin, das Gott selbst geben wird: Es ist die junge Frau, die einen Sohn gebären und ihm den Namen Immanuel geben wird. Mitten in den Bedrängnissen unseres Lebens greift Gott selbst ein, indem er uns seinen Sohn schenkt.

Maria ist die junge Frau des Jesaja, die Matthäus als Jungfrau deutet. Sie wird uns einen Sohn schenken, in dem Gott einen neuen Anfang für alle Menschen schafft. Weihnachten bedeutet demnach, dass wir mit den Gefährdungen unseres Lebens nicht allein sind. Wir sind nicht allein – weder in den äußeren Krisen, die die Welt erschüttern, noch in unseren inneren Turbulenzen.

Die wichtigste Botschaft von Weihnachten ist nach Matthäus: Gott ist der Immanuel. Mit diesem Titel besingt ihn auch die siebte O-Antiphon. Gott ist mit uns. Er geht mit uns durch alle Gefährdungen hindurch. Er lässt uns nie allein. Er steigt herab in unsere Geschichte, die oft so undurchschaubar und von

Katastrophen bedroht ist. Gott ist mit uns. Und wenn er mit uns ist, dann haben die Katastrophen keine Macht über uns.

In Jesus ist Gott für alle Menschen da. Das zeigt Matthäus durch seine Erzählung von den Magiern, die aus dem Osten kommen, um dem Kind zu huldigen, um es anzubeten und ihm Geschenke zu bringen.

Seit jeher haben die Menschen die Geschichte von den Magiern aus dem Orient geliebt. Die Magier sind ursprünglich persische Priester, aber auch Sterndeuter, Astrologen oder Weise, die ein übernatürliches Wissen besitzen. Sie haben einen Stern gesehen. Die Astronomen wissen von einem Zusammenrücken von Jupiter und Saturn im Sternbild der Fische, das im Jahre 7 vor Christus stattfand. Da Jupiter der Königsstern und Saturn der Stern Palästinas war, konnten die babylonischen Sterndeuter erkennen, dass in Israel ein Königssohn geboren wurde. Sie kommen mit der Frage nach Jerusalem:

»Wo ist der neugeborene König der Juden?« (Matthäus 2,2)

Sie bezeichnen Jesus mit dem gleichen Wort, das am Ende seines Lebens den Gekreuzigten ausweisen wird. Die Weisen der Welt erkennen in Jesus den König der Juden und beten ihn an. Sein eigenes Volk wird Jesus den Römern gerade deswegen ausliefern, weil er ihr König ist. So wird er – wie ihn die sechste O-Antiphon betitelt – zum »König aller Völker«.

Die Magier treffen auf den amtierenden König der Juden, einen grausamen Tyrannen, der seine eigenen Söhne wegen des Verdachts auf Verrat hinrichten ließ. Der mächtige König Herodes hat Angst vor diesem Kind. Er erschrickt. Er lässt alle Hohenpriester und Schriftgelehrten zusammenkommen. Sie sollten erforschen, wo der Messias geboren werden sollte. Und sie antworten ihm:

»Zu Betlehem in Judäa; denn so steht es bei dem Propheten: Du, Betlehem im Gebiet von Juda, bist keineswegs die unbedeutendste unter den führenden Städten von Juda; denn aus dir wird ein Fürst hervorgehen, der Hirt meines Volkes Israel.« (Matthäus 1,5f mit Verweis auf Micha 5,1.3)

Die Propheten – so möchte Matthäus sagen – weisen darauf hin, dass Jesus im Betlehem geboren wird. Und sie beschreiben sein Wesen als »Hirt seines Volkes«. Jesus wird der gute Hirt sein, der das zerstreute Volk wieder sammelt, damit es Gott dient. Als guter Hirt wird er den verlorenen Schafen des Hauses Israel nachgehen und sie auf seinen Schultern zu Gott zurücktragen.

Die Legende hat sich vor allem um die Personen der Magier gekümmert und ihre Lebensgeschichte ausgemalt. Sie hat deren Weg als Bild für unseren Pilgerweg gesehen. Wie die Magier folgen auch wir dem Stern unserer Sehnsucht, der am Horizont unseres Herzens aufgeht. Der Stern führt uns oft verschlungene Wege, bis wir ans Ziel kommen: zu dem Haus, in dem die Mutter mit dem Kind ist, zu dem Haus, in dem wir wahrhaft zu Hause sein können.

Die Magier werden in der Legende zu drei Königen, einem jungen, einem alten und einem dunkelhäutigen. Alle Menschen in ihrer Unterschiedlichkeit und inneren Zerrissenheit müssen sich auf den Weg machen, um in der Krippe das Kind zu finden und es anzubeten. Wenn die Könige das Kind anbeten, sind sie am Ziel ihrer Pilgerschaft, dann sind sie wahrhaft daheim, weil sie zu sich selbst gefunden haben.

Die Magier öffnen ihre Schatzbehälter und schenken dem neugeborenen König Gold, Weihrauch und Myrrhe. Gold und Weihrauch entsprechen den Gaben, die Jesaja aufzählt. (Vgl. Jesaja 60,6) Alle drei Gaben werden im Altertum auch dem

Sonnengott als Weihegeschenke dargebracht. In Jesus Christus ist die wahre Sonne aufgegangen, die diese Welt erhellt.

Die Kirchenväter haben die drei Gaben der Magier symbolisch ausgelegt. Gold gilt dem Kind in der Krippe als dem wahren König, Weihrauch bezeugt seine Gottheit und Myrrhe weist auf seinen Tod am Kreuz hin.

Oder die Gaben sind Bilder jener Gaben, die wir selbst Jesus darbringen sollen. Gold verweist dann auf unsere Liebe, Weihrauch auf unsere Sehnsucht und Myrrhe auf unsere Schmerzen und auf die Wunden, die wir mit uns tragen. Wir brauchen keine Leistung zu erbringen, sondern wir dürfen alles an die Krippe bringen, was wir bei uns haben: unsere Liebe, unsere Sehnsucht und unsere Wunden.

Man kann die Gaben aber auch als Ausdruck der Weisheit verstehen. Das Gold vergoldet und verwandelt uns. Es macht uns zu Königen, so dass wir selbst herrschen und nicht von anderen beherrscht werden. Weihrauch steht für die Transzendenz: Es gibt keine Weisheit, die an Gott vorbeigeht.

Nur die Weisheit, die unser Herz für Gott öffnet, tut uns gut und heilt: Darauf weist die Myrrhe hin. Als Heilkraut steht sie für die Heilung unserer Wunden. Die Myrrhe ist eine Paradiespflanze. Sie steht für die ursprüngliche Weisheit des Paradieses. Wenn wir ihr folgen, werden wir gesund.

Die Flucht nach Ägypten und der Kindermord, den Herodes angezettelt hat, zeigen, dass Matthäus die Geburt Jesu parallel zur Geburt des Mose erzählt. Mose wurde auch vor den Nachstellungen des Pharao gerettet, der die Tötung aller männlichen Kinder der Hebräer befohlen hatte. Wie Mose muss auch Jesus in die Fremde fliehen, bis Gott ihn zurückholt. Matthäus deutet dies wiederum mit einem Wort der Propheten:

»Denn es sollte sich erfüllen, was der Herr durch den Propheten gesagt hat: Aus Ägypten habe ich meinen Sohn gerufen.« (2,15 mit Verweis auf Hosea 11,1)

Jesus ist der Sohn Gottes. Er zeigt, wie Israel eigentlich sein sollte: Sohn Gottes, der sich ganz und gar auf Gottes Weisung verlässt und seinen Willen erfüllt. Wie Jesus sollen auch wir als Söhne und Töchter Gottes leben. Aber das bedeutet auch für uns, dass wir in die Fremde müssen – nach Ägypten –, um die Weisheit dieser Welt zu lernen. Auch zu unserem Weg gehört es, dass wir die Weisheit anderer Kulturen und Religionen studieren, um Gottes Weisheit für uns zu erkennen.

Schutz für das göttliche Kind in uns

Das göttliche Kind, das in die Fremde muss, ist ein archetypisches Bild, das in vielen Religionen auftaucht. Dort gibt es überall ausgesetzte göttliche Kinder: Krishna, Buddha, Perseus, Ödipus, Mose, Siegfried ... Von den ausgesetzten göttlichen Kindern geht immer eine Verwandlung der ganzen Welt aus.

Das Bild vom ausgesetzten göttlichen Kind sagt auch etwas über uns. Wir alle sind letztlich solche ausgesetzten göttlichen Kinder. In uns ist etwas, das diese Welt übersteigt und uns dieser Welt fremd macht. Aber wir sollen nicht traurig sein, wenn wir uns in dieser Welt manchmal fremd fühlen.

Wir sind hier letztlich in der Fremde. Denn in uns ist eine Sehnsucht, die diese Welt übersteigt. In uns ist das göttliche Kind, das diese Welt nicht aushält. Wenn wir das göttliche Kind in uns leben, dann regt sich auch unsere Umgebung. Sie reagiert auf das göttliche Kind in uns genauso feindselig wie der König Herodes. Denn das göttliche Kind in uns bringt ihre Maßstäbe durcheinander. Es macht unserer Umgebung Angst. Sie möchte das Neue und Ungewohnte in uns am liebsten »umbringen«, damit wir ihr mühsam aufgebautes Lebensgebäude nicht zu Fall bringen.

Der Engel lässt den Josef auch in der Fremde nicht allein. Nach einiger Zeit erscheint er ihm wieder im Traum und verkündet ihm, dass Herodes gestorben sei. Daher solle er zurückkehren. Der Engel sagt ihm aber, er solle nicht nach Judäa zurück. Denn der Nachfolger des Herodes sei genauso grausam wie der alte König. Er solle lieber nach Galiläa ziehen. (Vgl. Matthäus 2,19–23) Der Engel schützt das göttliche Kind. Er behütet auch das gefährdete Kind, bis es sich ungefährdet entfalten kann. Auch das ist ein Bild für uns: Der Engel – so sagt uns die Deutung der Weihnachtsgeschichte durch Matthäus – schützt auch in uns das göttliche Kind und das verletzte Kind. Er breitet seine Arme über uns.

Der Engel verweist uns nach Galiläa. Galiläa wird zwar von einem freundlichen Herrscher regiert. Aber es ist das Mischland, in dem Juden und Heiden zusammen wohnen. Galiläa steht für das Mischland, in dem auch unser göttliches Kind wohnt. Wir wohnen in einer Welt, in der Frommes und Gottloses miteinander vermischt ist, in der auch in uns das Heidnische und das Christliche nebeneinander wohnen.

Das göttliche Kind in uns entfaltet sich nicht in einer heilen Welt, sondern in einer Welt, die genauso gemischt ist wie Galiläa. Dies ist eine Welt, in der Gute und Böse zusammenleben, in der Heil und Unheil vorkommen. Mitten im Alltag unseres Lebens, der auch vermischt ist – mit Erfolg und Misserfolg, mit Glauben und Unglauben, mit Hellem und Dunklem –, sollen wir das göttliche Kind in uns zur Entfaltung bringen.

Licht und Heilung

Matthäus zeigt auch im weiteren Fortgang seines Evangeliums während des Wirkens Jesu immer wieder, wie sich an ihm die Verheißungen der Propheten erfüllen. Die Verheißung aus dem Propheten Jesaja, die die Weihnachtsliturgie als Deutung des Weihnachtsfestes versteht, zitiert Matthäus an anderer Stelle. Er erzählt, dass Jesus Nazaret verließ,

> *»um in Kafarnaum zu wohnen, das am See liegt, im Gebiet von Sebulon und Naftali. Denn es sollte sich erfüllen, was durch den Propheten Jesaja gesagt worden ist: Das Land Sebulon und das Land Naftali, die Straße am Meer, das Gebiet jenseits des Jordan, das heidnische Galiläa: das Volk, das im Dunkel lebte, hat ein helles Licht gesehen; denen, die im Schattenreich des Todes wohnten, ist ein Licht erschienen.« (Matthäus 4,13–16 mit Verweis auf Jesaja 8,23; 9,1)*

Nicht nur in der Geburt Jesu erscheint den Menschen, die im Schatten des Todes wohnen, das Licht Gottes, sondern auch im Wirken Jesu. Indem Jesus Gottes Wort verkündet, begegnet den Menschen das Licht. Sein Wort ist Licht für ihren Weg. Es erleuchtet sie in ihrer inneren Finsternis. So kann die fünfte O-Antiphon Jesus besingen: »O Morgenstern, Glanz des unversehrten Lichtes, der Gerechtigkeit strahlende Sonne.«

Noch zwei andere Zitate aus dem Propheten Jesaja beschreiben das Wirken Jesu. Als Jesus viele Kranke heilt, sagt Matthäus:

»Dadurch sollte sich erfüllen, was durch den Propheten Jesaja gesagt worden ist: Er hat unsere Leiden auf sich genommen und unsere Krankheiten getragen.«
(Matthäus 8,17 mit Verweis auf Jesaja 53,4)

Indem Jesus Kranke heilt, nimmt er ihre Leiden auf sich. Spätere Schriften haben dieses Zitat mit dem Tod Jesu am Kreuz in Verbindung gebracht. Matthäus zitiert es im Zusammenhang mit Jesu Heilungstätigkeit.

Noch ein anderes zentrales Wort verbindet Matthäus mit den Heilungen, die Jesus wirkt, die aber auf sein Geheiß hin nicht in der Öffentlichkeit verkündet werden sollen:

»Auf diese Weise sollte sich erfüllen, was durch den Propheten Jesaja gesagt worden ist: Seht, das ist mein Knecht, den ich erwählt habe, mein Geliebter, an dem ich Gefallen gefunden habe. Ich werde meinen Geist auf ihn legen, und er wird den Völkern das Recht verkünden. Er wird nicht zanken und nicht schreien, und man wird seine Stimme nicht auf den Straßen hören. Das geknickte Rohr wird er nicht zerbrechen und den glimmenden Docht nicht auslöschen, bis er dem Recht zum Sieg verholfen hat. Und auf seinen Namen werden die Völker ihre Hoffnung setzen.«
(Matthäus 12,17–21 mit Verweis auf Jesaja 42,1–4)

Auch diese Worte gehören zur Deutung des Weihnachtsgeschehens. Jesus wird im Verborgenen geboren, und auch sein Wirken geschieht im Verborgenen. Es bleibt den Mächtigen verborgen. Aber er ist dennoch ein Licht für uns: ein heilendes Licht, das unsere Krankheiten heilt, und ein zartes Licht, das still in unsere Not hineinleuchtet.

Wenn wir die Weihnachtsgeschichte des Matthäus betrachten, dann lautet ihre zentrale Botschaft: Gott ist in Jesus in unsere Geschichte eingetreten, um sie zu heilen, um uns aus unserer Zerrissenheit herauszureißen und uns mit seinem göttlichen Leben zu erfüllen. Durch die Geburt Jesu sind wir selbst zu Söhnen und Töchtern Gottes geworden.

Wir haben ein göttliches Kind in uns, das wie Jesus verfolgt und in die Verbannung geschickt wird. Wir sind ausgesetzte göttliche Kinder. Aber wir sind nicht alleingelassen. Gott ist mit uns. Er ist in Jesus der Immanuel, der durch alle Situationen unseres Lebens mit uns geht: durch Entfremdung und Heimatlosigkeit, durch Verfolgung und Ablehnung, durch Missverständnisse und Enttäuschungen, durch Verletzungen und Kränkungen. Unser ganzes Leben mit seinen Höhen und Tiefen dürfen wir – wenn wir auf das Kind in der Krippe schauen – in Gottes Liebe hineinhalten, die uns in Jesus Christus erschienen ist.

Weihnachten und das Lukasevangelium

Während Matthäus ein typischer Lehrer, ein »Schriftgelehrter« ist, der aus seinem Schatz Neues und Altes hervorbringt (vgl. Matthäus 13,52), ist Lukas ein begnadeter Erzähler. Er entfaltet seine Theologie, indem er erzählt. Und in seine Erzählung sind wir hineinverwickelt, ohne dass wir es merken. Keiner kann die wunderbare Erzählung der Weihnachtsgeschichte durch Lukas hören, ohne sich angesprochen zu fühlen.

Am wichtigsten sind bei Lukas die Verkündigungsszenen. In ihnen wird uns die Botschaft entfaltet. Sie zeigen uns, wie wir auf die Weihnachtsbotschaft reagieren sollen beziehungsweise wie wir uns nicht verhalten sollen.

Verkündigung des Engels an Zacharias (Lukas 1,5–25)

Die erste Verkündigungsszene zeigt uns, wie wir nicht reagieren sollen. Der Engel Gabriel verkündet dem alten Priester Zacharias im Tempel, dass ihm seine Frau Elisabet einen Sohn schenken werde. Doch Zacharias zweifelt daran. Er hat genügend rationale Gründe, um die leisen Impulse des Engels wegzuwischen. Der Engel lässt ihn daher verstummen, damit er offen wird für das, was Gott ihm sagen möchte.

Zacharias muss nicht nur äußerlich still werden, er muss auch seine rationalen Überlegungen verstummen lassen. Sonst hat der Engel keine Chance, ihm etwas Neues von Gott her zu verkünden. Der Engel führt Zacharias in die Stille – nicht nur damit er nichts sagt, sondern damit auch seine Überlegungen verstummen, mit denen er sich selbst und seine Frau ständig bewertet. Der Raum der Stille ist frei von Bewertungen. In diesem Raum der Stille wandelt sich Zacharias. Bei der Geburt des Kindes vermag Zacharias wieder zu sprechen.

Damit wir die Botschaft von Weihnachten verstehen, brauchen auch wir die Stille. Wir sollen unsere Vorurteile und die Gründe der Abwehr verstummen lassen, mit denen wir uns den leisen Impulsen gegenüber verschließen, die unsere Seele gerade an Weihnachten berühren wollen.

Das Verstummen aller rationalen Argumente gegen die Botschaft des Engels öffnet Zacharias für das Geheimnis von Weihnachten. Als er wieder sprechen kann, begreift er, was an Weihnachten geschieht. Und er besingt es im Lied des Benediktus, das die Kirche im Stundengebet jeden Morgen nachsingt.

Zacharias versteht, dass Gott uns in der Menschwerdung seines Sohnes besucht.

Der Besuch Gottes bei den Menschen ist auch ein beliebtes Motiv griechischer Sagen und vieler Märchen. Gott kommt zu Besuch. Doch die Menschen weisen Gott ab. Damit wir Gott an Weihnachten nicht ablehnen, braucht es auch bei uns die Vorbereitung durch die Stille. Dann können wir mit Zacharias singen:

> *»Durch die barmherzige Liebe unseres Gottes wird uns besuchen das aufstrahlende Licht aus der Höhe, um allen zu leuchten, die in Finsternis sitzen und im Schatten des Todes, und unsre Schritte zu lenken auf den Weg des Friedens.« (Lukas 1,78f)*

Verkündigung des Engels an Maria (Lukas 1,26–38)

Zacharias – der alte Mann und Priester – reagiert auf die Verkündigung des Engels Gabriel mit Zweifel. Maria – die junge Frau, das einfache Mädchen aus Nazaret – glaubt dem Engel. Beide Pole sind in ihrer Gegensätzlichkeit in uns: der Zweifel und der Glauben. Lukas lädt uns ein, wie Maria dem Pol des Glaubens mehr zu trauen.

Maria hat bei Gott Gnade gefunden. Gott freut sich an ihr und schenkt ihr daher seine liebende Zuwendung. Die Zusage des Engels an Maria gilt auch uns. Auch an uns hat Gott sein Wohlgefallen. Aber oft reagieren wir nicht darauf.

Maria lässt sich auf Gottes Gnade ein:

> *»Ich bin die Magd des Herrn; mir geschehe, wie du es gesagt hast.« (Lukas 1,38)*

Maria sieht sich als Repräsentantin des Volkes Israel. Während Israel Gottes Willen abgelehnt hat, wird sie ihn stellvertretend für das Volk erfüllen. In diesem Wort zeigt Lukas, wie sehr er Maria als Frau schätzt. Sie lässt sich – anders als der Mann Zacharias – auf das Wort Gottes ein und traut ihm. Weil sie auf Gottes Wort vertraut, wird dem Volk Erlösung zuteil.

Das Handeln geht von Gott aus. Aber es hängt auch von der Entscheidung der Menschen ab, ob sie Gott an sich handeln lassen. Maria gibt dem Handeln Gottes in ihrem persönlichen Leben Raum. Das hat Folgen für die ganze Menschheit.

Lukas beschreibt Maria als Urbild und Vorbild des Glaubens. Maria vertraut auf den Engel. Sie erschrickt zwar über die Anrede des Engels. Aber sie verschließt sich nicht, sondern denkt darüber nach, was der Engel ihr sagen möchte. Der Engel verkündet ihr, dass sie einen Sohn empfangen werde, der

> *»Sohn des Höchsten«* (Lukas 1,32)

genannt werde. »Der Höchste« ist im hellenistischen Judentum eine beliebte Bezeichnung für Gott.

Der Engel erklärt Maria, wie die Empfängnis vor sich gehen wird:

> *»Der Heilige Geist wird über dich kommen, und die Kraft des Höchsten wird dich überschatten.«* (Lukas 1,35)

Der Heilige Geist selbst wird die Jungfrau befruchten. Dies erklärt nicht nur die jungfräuliche Geburt Jesu, sondern ist auch ein Bild für unser Leben. Die tiefste Frucht, die wir bringen können, kommt nicht aus uns selbst, und sie stammt auch nicht aus der Befruchtung durch andere Menschen, sondern sie wird vom Heiligen Geist gewirkt. Maria, die glaubende Frau, ist hier Vorbild für die Christen.

Gott möchte durch seinen Heiligen Geist auch in uns Neues schaffen. Wir dürfen deshalb nicht zu klein von uns denken. Wir sollen wie Maria Gott zutrauen, dass er Großes in uns und aus uns heraus zu wirken vermag.

> *»Denn für Gott ist nichts unmöglich«* (Lukas 1,37),

heißt es im Evangelium. Wörtlich aus dem griechischen Originaltext übersetzt, heißt es: »Denn nicht kraftlos ist für Gott jedes Wort, das er spricht.« Wenn Gott etwas ausspricht, dann hat dies auch Kraft. Dann bewirkt es das, was es aussagt.

Der wahre Glaube besteht darin, dass wir dem Wort Gottes trauen und Gott keine Grenzen setzen. Für Gott ist nichts unmöglich. Gott wählt die Jungfrau Maria, ein unbedeutendes Mädchen aus Nazaret, um das Unmögliche in dieser Welt möglich zu machen.

Er wählt auch uns gerade in unserer Schwachheit und Begrenztheit aus, um durch uns sein Werk des Heils und der Heilung in dieser Welt zu vollbringen. Christus möchte auch in uns Gestalt annehmen. Die Voraussetzung dafür ist jedoch, dass wir wie Maria sprechen:

> *»Ich bin die Magd des Herrn; mir geschehe, wie du es gesagt hast.« (Lukas 1,38)*

Die Begegnung zwischen Maria und Elisabet (Lukas 1,39–56)

Bevor Lukas die Geburt des Johannes und die Geburt Jesu beschreibt, erzählt er uns die schöne Geschichte von der Begegnung zwischen Maria und Elisabet. Mit dieser Geschichte verknüpft er zum einen die Geburt des Johannes mit derjenigen Jesu, zum anderen deutet er uns das Geschehen. Maria ist die Frau, die mehr als alle anderen Frauen gesegnet ist. Denn sie trägt den Herrn selbst in sich.

Lukas erzählt uns eine wunderbare Begegnungsgeschichte. Da macht sich ein zwölf- oder vierzehnjähriges Mädchen auf und eilt durch das Gebirge. Vier Tage braucht man normalerweise zu Fuß für diesen Weg. Maria muss schon eine selbstbewusste Frau gewesen sein, wenn sie sich alleine diesen Weg zutraut. Die Erfahrung Gottes bei der Verkündigung durch den Engel hat sie in Bewegung gebracht.

Auch Elisabet gerät in Bewegung. Als Maria sie grüßt, hüpft das Kind in ihrem Schoß. Sie kommt in Berührung mit ihrer Fruchtbarkeit und mit dem Neuen, das in ihr wächst. Und sie wird vom Heiligen Geist erfüllt. Sie wird zur Prophetin, die in Maria das Geheimnis ihrer Mutterschaft erkennt.

In dieser wunderbaren Geschichte geht es nicht nur um das Geschehen damals. Die Szene ist vielmehr Urbild jeder tiefen menschlichen Begegnung. In jeder Begegnung geht es darum, im anderen das Geheimnis Christi zu entdecken. Jeder trägt Christus in sich. Wenn wir das verstehen, dann hüpft das Kind in uns auf. Wir entdecken das Geheimnis des anderen und unser eigenes Geheimnis. Wir kommen mit dem Kind in uns in Berührung.

Damit solche Begegnung möglich wird, müssen wir wie Maria aufstehen und uns auf den Weg machen. Wir müssen auf eigenen Füßen stehen, um beim anderen anzukommen. Und wir müssen über das Gebirge gehen – über die Berge von Hemmungen und Vorurteilen –, um den anderen so zu sehen, wie er ist. An Weihnachten hoffen wir, dass wir einander liebevoller begegnen als sonst. Die Begegnung zwischen Maria und Elisabet könnte ein Vorbild für unsere weihnachtlichen Begegnungen sein – in unserer Familie und mit Freunden und Bekannten.

Elisabet preist Maria selig, weil sie

»geglaubt hat, dass sich erfüllt, was der Herr ihr sagen ließ« (Lukas 1,45).

Elisabet sieht in Maria die Glaubende: Sie ist Vorbild auch für unseren Glauben. Gott wird auch an uns erfüllen, was er uns verheißen hat. Er wird auch an uns Großes vollbringen, wenn wir wie Maria seinen Worten trauen.

Maria antwortet auf die Seligpreisung mit einem Loblied, dem sogenannten Magnifikat. Lukas formuliert es so, dass es auch unser Lied werden kann:

Meine Seele preist die Größe des Herrn,
es jubelt mein Geist über Gott, meinen Heiland.
Denn seine niedrige Magd hat er in Gnaden angesehn.
Siehe, von nun an preisen mich selig alle Geschlechter.
Denn Großes hat an mir getan der Mächtige,
und sein Name ist heilig.
Sein Erbarmen währt von Geschlecht zu Geschlecht
über denen, die ihn fürchten.
Mit seinem Arm vollbrachte er machtvolle Taten,
er hat zerstreut, die im Herzen voll Hochmut sind.

Die Mächtigen hat er vom Thron gestürzt
und hat erhöht die Niedrigen.
Die Hungrigen hat er erfüllt mit Gütern
und Reiche weggeschickt mit leeren Händen.
Er hat sich angenommen seines Knechtes Israel
eingedenk seines Erbarmens,
wie er es unseren Vätern verheißen hat,
Abraham und seinem Stamm auf ewig.
(Lukas 1,46–55 in der Münsterschwarzacher Übersetzung)

Im Magnifikat deutet Maria das Geschehen, das sie in der Verkündigung erlebt hat und das in der Geburt Jesu vollendet wird.

Maria ist hier die Repräsentantin Israels, aber auch die Stimme all der Armen und Entrechteten, die in der Geburt Jesu ihr Recht bekommen. In Jesu Geburt stürzt Gott die Mächtigen vom Thron und erhöht die Armen.

Die Befreiungstheologie hat das Magnifikat heute als Hoffnungslied der Armen neu entdeckt. Feministische Theologinnen sehen darin ein Befreiungslied für Frauen. Beide Bewegungen greifen wichtige Anliegen des Evangelisten auf. Denn Lukas ist sowohl der Anwalt der Armen als auch der Frauen. Jeder kann für sich dieses wunderbare Lied singen und damit Gott preisen, der Großes an ihm getan hat. In diesem Lied kommt zum Ausdruck, dass Gott all unsere Maßstäbe über den Haufen wirft und gerade das Niedrige in uns erhöht und das Hungernde in uns sättigt.

Die Geburt Jesu (Lukas 2,1–20)

Es gibt wohl kaum Menschen, die von der Geburt Jesu, wie sie uns Lukas erzählt, nicht berührt werden. Kunstvoll hat Lukas drei Geschichten miteinander verwoben: die Erzählung von der Volkszählung, von der Geburt Jesu und von der Verkündigung der Geburt an die Hirten.

Lukas referiert nicht einfach geschichtliche Fakten, sondern er deutet sie. Er stellt die Geburt in die politische Welt des römischen Kaisers Augustus, um zu zeigen, dass Jesus der wahre Friedenskönig ist. Für ihn bringt nicht Augustus das Heil, wie es manche zeitgenössische Inschriften von ihm sagen, sondern Jesus, der als armes Kind in einem Stall geboren wird.

Die Geburt Jesu in einem unbedeutenden Winkel Palästinas hat eine heilsame Bedeutung für die gesamte Welt. Jesus ist der wahre Retter und Herr. Er bringt den wahren Frieden – nicht Augustus, der sich selbst als Friedenskaiser feiern ließ. Mit seiner Erzählung kritisiert Lukas die Herrscherideologie des Kaisers, aber zugleich auch die politische Theologie der jüdischen Widerstandsbewegung der Zeloten, die sich gegen die Volkszählung auflehnten. Maria und Josef gehorchten dem Befehl des Kaisers. Der Umsturz der Verhältnisse geschieht nicht mit Gewalt und äußerer Macht, sondern von innen heraus.

In Jesus hat Gott in diese Geschichte eingegriffen. Der Friede, der durch Jesus in der Geschichte aufscheint, hat geschichtliche und politische Auswirkungen. Die Christen sollen – so meint Lukas – den Frieden Christi in die ganze Welt bringen.

Maria und Josef machten sich auf den Weg nach Betlehem. »Als sie dort waren, kam für Maria die Zeit ihrer Nieder-

kunft, und sie gebar ihren Sohn, den Erstgeborenen. Sie wickelte ihn in Windeln und legte ihn in eine Krippe, weil in der Herberge kein Platz für sie war.« (Lukas 2,6f)

Die Herberge, in der kein Raum für das durchreisende Paar ist, bezeichnet einen Raum in einem Privathaus, in dem Reisende gewöhnlich übernachten konnten. Doch es war kein Raum mehr im Wohnhaus frei. So müssen Josef und Maria in die unter dem Haus liegende Höhle gehen, in der ein Futtertrog in die Wand gehauen war. Jesus wird in einem Raum äußerster Armut geboren. In dieser Geburt unter ärmlichen Verhältnissen sieht Lukas die Erfüllung der Verheißungen Gottes an sein Volk.

Die dritte Szene, die Verkündigung an die Hirten, ist für Lukas die wichtigste. Sie erzählt er auch am ausführlichsten. In der Hirtenszene geht es wieder um uns: Uns selbst verkündet der Engel die Weihnachtsbotschaft. Wir selbst sollen uns auch wie die Hirten verhalten: Wir sollen wie sie Nachtwache halten, damit wir uns nicht in irgendwelche Illusionen einlullen und so unser Leben verschlafen. Und wir sollen uns der eigenen Nacht aussetzen und sie aushalten, damit sie keine dunkle Nacht, sondern eine geweihte Nacht – eine Weihnacht – wird.

Ein Engel tritt zu den Hirten und mit ihm erscheint Gottes Herrlichkeit und umstrahlt die Hirten. Die Nacht, die Dunkelheit des menschlichen Herzens, wird durch Gottes Licht verwandelt. Der Engel verkündet den Hirten eine große Freude. Hier verwendet Lukas das griechische Wort »euangelizomai«: Es ist eine gute Botschaft, eine frohe Botschaft, die der Engel nicht nur den Hirten, sondern auch uns verkündet.

Der Inhalt der Verkündigung der Engel lautet:

»Heute ist euch in der Stadt Davids der Retter geboren; er ist der Messias, der Herr.« (Lukas 2,11)

Lukas benutzt drei Begriffe, um das Geheimnis Jesu zu erklären. Diese drei Begriffe, die ich bei der siebten O-Antiphon schon kurz angesprochen habe und die jüdische und griechische Gemüter in gleicher Weise bewegten, möchte ich hier nochmals ausführlicher thematisieren.

Das griechische Wort »sotér« – »Retter« – bezeichnet im Alten Testament das Wirken Gottes. In der griechisch-römischen Welt werden Kaiser, Philosophen und Ärzte so benannt. Kaiser Augustus wurde beispielsweise als Retter bezeichnet. Doch Jesus überbietet alle diese menschlichen Retter. Jesus rettet uns aus Gefahr, und er zieht uns aus dem Sumpf der Depression heraus, in dem wir unterzugehen drohen.

Retter ist auch der Arzt. Daher hat Martin Luther in seiner Bibelübersetzung »sotér« richtig mit Heiland übersetzt. Jesus heilt unsere Verletzungen und Kränkungen. Er bewahrt unser wahres Wesen und beschützt unseren innersten Kern.

Jesus ist nicht nur Retter, sondern auch der »Messias«, der Christus, der Gesalbte Gottes. Der wahre Retter ist der aus dem Judentum kommende Messias. Der Messias erfüllt die Verheißungen Gottes. Er befreit sein Volk aus Unterdrückung und Knechtschaft. Jesus führt sein Volk aus Ägypten heraus: aus der Gefangenschaft hinein in das Gelobte Land, das dem Volk als Eigentum gegeben wird. Jesus führt auch uns aus unserer inneren Gefangenschaft – aus den Zwängen unserer Angst und unseres Perfektionismus – in die Freiheit und damit in das Land, in dem wir selbst leben, anstatt gelebt zu werden.

Der dritte Begriff ist »kyrios«, der mit »Herr« übersetzt wird. »Kyrios« haben die Griechen für den Kaiser verwendet. Im Alten Testament ist Gott der eigentliche Herr. Jesus kommt von Gott und ist Gottes Sohn. Aber er ist zugleich der Herr, der der ganzen Welt Frieden und Heil bringt – und zwar dauerhafter, als jeder Kaiser das vermag. Wenn Jesus in uns herrscht, werden wir frei. Wir werden nicht mehr von unseren Bedürfnissen und Leidenschaften beherrscht, sondern herrschen über uns selbst. Wir werden auch nicht mehr von den Menschen und ihren Erwartungen und Meinungen beherrscht. Wir sind wahrhaft frei.

Indem Lukas diese drei Begriffe kunstvoll miteinander verbindet, beschreibt er das Geheimnis der Menschwerdung Gottes in Jesus Christus. Er spekuliert nicht, sondern bringt durch eine Erzählung zum Ausdruck, wer dieser Jesus ist. Wir hören lieber eine Geschichte, als dass wir die oft unverständlichen theologischen Diskussionen über die Gottessohnschaft Jesu reflektieren. In dieser anrührenden Erzählung von der Geburt Jesu erahnen wir das Geheimnis dieses Menschen. Er ist ganz Mensch, aber er kommt von Gott. Er ist der Retter, nach dem sich die ganze Welt sehnt.

In seiner Erzählung verbindet Lukas Himmel und Erde, menschliche Sehnsucht und göttliches Handeln. In der Art und Weise, wie Lukas die Geburt Jesu erzählt, bewirkt er in uns die Freude, die der Engel verkündet. Das Göttliche wird durch menschliche Worte sichtbar und greifbar.

In der Verkündigung an die Hirten taucht zum ersten Mal das Wort »heute« auf. Sieben Mal wird es Lukas in seinem Evangelium verwenden. Das Geschehen von damals auf den Feldern von Betlehem geschieht für uns heute, wenn wir die Geschichte des Lukas lesen. Wir haben »heute« teil an dem Schauspiel, das Lukas uns beschreibt. Wir schauen auf das Bild, das uns in Worten vor Augen gemalt wird. Und indem wir schauen, werden wir mit dem Geschauten eins.

Wir werden Augenzeugen des Geschehenen und Zuschauer des göttlichen Schauspiels, wenn uns die Worte der Botschaft an die Hirten in der Liturgie verkündet werden und wenn wir uns in der Liturgie in das Geschehen »hineinspielen«, damit wir im Schauen und im Spielen verwandelt werden und als Verwandelte nach Hause gehen. Das »Heute« spricht Lukas in unsere Sehnsucht hinein. Heute will und soll an uns geschehen, was damals die Hirten erlebt haben. Heute soll unsere Sehnsucht erfüllt werden.

Neben dem Engel der Verkündigung erscheint ein ganzes Heer voller Engel, die Gott loben und singen:

> *»Verherrlicht ist Gott in der Höhe, und auf Erden ist Friede bei den Menschen seiner Gnade.« (Lukas 2,14)*

Durch die Geburt Jesu werden Himmel und Erde miteinander verbunden. Gottes Herrlichkeit erscheint in der Höhe. Und in der Tiefe, auf der Erde, erscheint in Jesus Gottes Friede.

Es ist ein Paradox: Indem ein Kind im Stall geboren wird, leuchtet im Himmel Gottes Herrlichkeit auf. Der Widerschein der Herrlichkeit Gottes auf Erden ist der Frieden. Das griechische Wort für Frieden – »eirene« – meint dabei nicht nur die Beseitigung von Krieg und Streit, sondern das Heil, das Gott wirkt. Das hebräische Wort für Frieden »shalom« bezeichnet den ursprünglichen Zustand des Menschen. Gott stellt in der Geburt Jesu den Menschen wieder so her, wie er gedacht war.

Das griechische Wort »eirene« meint die Ruhe, die Seelenruhe. Wenn Gott Mensch wird, kommt der Mensch in seinem unruhigen Herzen zur Ruhe, seine Sehnsucht wird erfüllt. »Eirene« bezieht sich auch auf die Harmonie, in der alles zusammenstimmt. In der Geburt Jesu stimmen Gott und Mensch, Himmel und Erde zusammen. Es gibt einen Einklang zwischen Gott und Mensch, zwischen Geist und Materie, zwischen Engeln und Menschen. Dieser Friede, die Ruhe, die Harmonie, ist den Menschen des göttlichen Wohlgefallens zugesprochen. »Eudokia« meint das Wohlgefallen Gottes und die liebevolle

Bewegung Gottes zum Menschen hin. Es drückt das göttliche Wohlwollen den Menschen gegenüber aus. Gott hat den Menschen in Jesu Geburt seine Liebe gezeigt, um durch seine Tat der Liebe im Menschen Gegenliebe hervorzurufen.

»Eudokia« drückt aus, dass Gott immer schon in Beziehung zum Menschen steht und durch die Geburt seines Sohnes diese Beziehung vertiefen möchte. Die »eudokia«, das zärtliche Wohlwollen Gottes uns gegenüber, wird in dem Kind in der Krippe sichtbar.

Es gibt wohl keinen Menschen – auch wenn er noch so verhärtet ist –, der sich durch den Anblick eines Kindes nicht verwandeln lassen und dessen verschlossenes Gesicht sich nicht zu einem Lächeln öffnen würde. So erscheint uns in diesem Kind in der Krippe Gottes menschliches Herz. Gottes Zärtlichkeit wird in dem zarten Kind für uns alle offenbar.

Auf das Loblied der Engel hin machen sich die Hirten auf, um das Kind in der Krippe anzusehen. Sie wollen auch uns in Bewegung bringen, damit auch wir mit unseren Herzen an die Krippe eilen, um zu sehen, was Gott uns an Weihnachten verkündet. Die Hirten und Maria sind Vorbild für unseren Glauben, mit dem wir auf den Besuch Gottes bei den Menschen in der Geburt Jesu antworten sollen.

Die Hirten sehen das Kind in der Krippe und verstehen, was ihnen der Engel verheißen hatte. Und sie erzählen, was sie vom Engel gehört haben. Maria reagiert auf ihre Weise auf diese Worte:

> *»Maria aber bewahrte alles, was geschehen war, in ihrem Herzen und dachte darüber nach.« (Lukas 2,19)*

Im Griechischen steht hier »synterein«. Damit ist gemeint, dass sie die Worte, die sie hörte, mit dem Geschehen in der Krippe und mit ihrem eigenen Leben zusammen sah und zusammenbrachte. Das ist auch unsere Aufgabe: Wir sollen das an Weihnachten Gehörte und Gesehene mit unserem Leben zusammenbringen.

Die zweite Reaktion Marias wird im Griechischen mit »symballein« – »zusammenwerfen« – bezeichnet. Maria wirft die verschiedenen Gedanken, die Worte und das Geschaute in ihrem Herzen hin und her. Sie versucht, das Geschehen zu verstehen. Sie will nicht nur intellektuell nachdenken, sondern erspüren, was geschehen ist und was sich dadurch für sie in ihrem Leben verwandelt.

So sollen auch wir die Geschichte von der Geburt Jesu in unserem Herzen erwägen. Wir sollen sie hin- und herbewegen, bis sich unser Gefühl einschwingt: in das Geheimnis der göttlichen Liebe, die in der Geburt Jesu in die Geschichte eingebrochen und für uns alle sichtbar erschienen ist.

Simeon und Hanna (Lukas 2,21–39)

Nicht nur die Hirten und Maria sind Vorbild für die gläubige Annahme des Gottessohnes Jesus Christus. Lukas, der Erzähler, übernimmt noch ein anderes wichtiges Motiv, das sowohl bei den Griechen als auch bei den Juden beliebt ist: der Greis, der noch etwas Besonderes erlebt.

Lukas liebt Begegnungen zwischen Menschen, die Gott selbst initiiert. In solchen Begegnungen wird das Geheimnis Gottes für den Menschen erfahrbar. Für Lukas, den Griechen, sind es immer Begegnungen mit Männern und Frauen. Beide gemeinsam erfassen das Geschehen und erkennen darin Gottes Wirken.

Aber es ist nicht nur die Polarität von Mann und Frau, die in dieser Geschichte zum Tragen kommt. Es ist auch der Gegensatz von Gesetz und Evangelium, von Freude und Leid, von Aufgerichtetwerden und dem Schmerz, den Jesus seiner Mutter bereiten wird. Es ist keine heile Welt, die Maria erwartet. In die Freude über ihren Sohn, den Gesalbten Gottes, mischt sich der Schmerz über das Schicksal, das er erleiden wird. Hier zeigt Lukas die gegensätzliche Erfahrung unserer eigenen Seele auf. Auch wir erfahren Gott als den, der unser Herz erfreut, aber auch als den Unverständlichen, der in uns Widerspruch hervorruft und uns eine schmerzliche Wandlung zumutet.

Maria und Josef erfüllen das Gesetz des Mose, indem sie das Kind nach Jerusalem bringen, um es dem Herrn zu weihen. Doch das Gesetz ist nur der Übergang zur Gnade Gottes, die in Christus erschienen ist. Mitten im vorgegebenen Ritus geschieht das Überraschende: die Begegnung mit Simeon und

Hanna, die viele Herzen angerührt hat. Der alte Mann hält das kleine Kind in seinen Armen und besingt das Geheimnis dieses Kindes:

> *»Meine Augen haben das Heil gesehen, das du vor allen Völkern bereitet hast, ein Licht, das die Heiden erleuchtet, und Herrlichkeit für dein Volk Israel.«* (Lukas 2,30–32)

In diesem Hymnus deutet Lukas in der Gestalt des Simeon das Weihnachtsgeschehen. Dieses Kind, das der alte Simeon in seinen Händen trägt, ist das Heil, nach dem sich die Frommen Israels gesehnt haben. Es ist Licht, das auch die Heiden erleuchtet. Das Geschehen von Weihnachten gilt nicht nur den Juden, sondern der ganzen Welt. Für das Volk Israel bedeutet die Geburt Jesu Herrlichkeit. Jesus verleiht seinem Volk eine neue Würde. Israel ist das Volk, aus dem der Messias und Heiland hervorgeht. Aber dieses Volk hat kein ausschließliches Recht auf ihn. Er ist für alle Menschen auf der ganzen Welt da. Er erhellt ihre Augen und erfüllt die Sehnsucht aller Menschen in allen Religionen.

Nach dem Hymnus schildert Lukas den Widerspruch im Herzen des Simeon, aber auch in uns allen. Jesus ist Frieden und Licht, aber auch Schwert und Leiden. Maria wird ein Schwert durchdringen. Sie wird teilhaben am Leiden Jesu. Jesus bringt nicht nur Heil, sondern auch Gericht. Durch ihn werden die Gedanken der Menschen offenbar. Durch ihn wird sichtbar, wie sich Menschen gegenüber Gott verschließen.

In dieser Spannung zwischen Licht und Leiden deutet Lukas an, dass er nicht nur eine einfache Erzählung schreibt, sondern eine Tragödie im Sinn der griechischen Tragödie. Diese hatte auch den Sinn, durch verschiedene Emotionen die Gefühle der Menschen anzusprechen und zu läutern.

Neben Simeon erscheint Hanna. Während Simeon als ein frommer und gerechter Mann beschrieben ist, wird Hanna Prophetin genannt. Der Mann allein repräsentiert nie den Glauben, wie Lukas ihn versteht. Ihm muss immer eine Frau gegenübergestellt werden, die einen anderen Aspekt der gläubigen Aufnahme Jesu zum Ausdruck bringt.

Den Mann hatte Lukas als gerecht und fromm beschrieben. Den Charakter der Frau erhellt Lukas, indem er die Geschichte ihres Lebens und ihr gegenwärtiges Tun beschreibt. Das ist die Kunst des Schriftstellers, der zwischen Beschreiben und Erzählen abwechselt.

Hanna hat alle drei Phasen des Frauseins durchlebt: Jungfrau, Ehefrau und Witwe. Sie ist eine betende Frau. Sie hält sich ständig im Tempel auf. Und sie ist Prophetin. Sie sieht tiefer. Sie erblickt das, was Gott in Jesus tut: In Jesus wird die Erlösung, nach der sich die frommen Israeliten sehnen, für alle Menschen Wirklichkeit. Durch ihn werden die Menschen aus ihrer Gefangenschaft und von ihrer Entfremdung befreit. Sie werden zu freien Menschen, wie Gott sie bei seiner Erschaffung gedacht hat.

Der zwölfjährige Jesus im Tempel (Lukas 1,40–52)

Nach der Begegnung mit Simeon und Hanna kehren Maria und Josef mit Jesus von Jerusalem aus in ihre Heimat und in den Alltag von Nazaret zu rück.

> *»Das Kind wuchs heran und wurde kräftig; Gott erfüllte es mit Weisheit, und seine Gnade ruhte auf ihm.«* (Lukas 2,40)

Lukas liebt das Wort »charis«. Er gebraucht das griechische Wort für »Gnade« auch im griechischen Sinn:

> *»Charis ist etwas, was Freude bringt ... Charis ist Liebreiz, Anmut, Grazie, etwas, was angenehm berührt ... es geht um das Erfreuliche und Ergötzliche, das von Eleganz, Schönheit und Anmut ausgeht. In diesem Sinn ist charis die Äußerung eines typisch griechischen Lebensgefühls.«*
> *Edward Schillebeeckx: Christus und die Christen – Die Geschichte einer neuen Lebenspraxis, Freiburg 1977, S. 93)*

Jesus gefällt als heranwachsendem Kind jedem wegen seiner Weisheit und wegen seines angenehmen Wesens, wegen seiner Schönheit und Anmut.

Doch nach diesem idealen Bild des heranwachsenden Jesus bringt Lukas sofort den Gegenpol. Jesus ist nicht das liebevolle und pflegeleichte Kind. In der Erzählung vom zwölfjährigen Jesus im Tempel schildert uns Lukas den ersten Familienkonflikt. Jesus macht sich selbstständig. Er kehrt nicht mit seinen Eltern aus Jerusalem zurück. Als sie ihn nach drei Tagen vergeblicher Suche im Tempel finden, sitzt er mitten unter den Lehrern, hört ihnen zu und stellt ihnen Fragen. (Vgl. Lukas 2,46)

Im Wort Marias klingt der Vorwurf und der Schmerz mit, den ihr Sohn ihr bereitet hat:

> *»Kind, wie konntest du uns das antun? Dein Vater und ich haben dich voll Angst (mit Schmerzen) gesucht.«*
> *(Lukas 2,48)*

Die Antwort Jesu bleibt den Eltern unverständlich. Jesus nennt Gott seinen Vater. Ihm gehöre er, nicht seinen Eltern. Hier spricht Jesus zum ersten Mal im Lukasevangelium von Gott als seinem Vater. Die Eltern müssen das Fremdsein ihres Kindes akzeptieren. Lukas schildert keine heile Familie, sondern eine Familie mit den Konflikten, die wir alle kennen: das Leiden am Anderssein der Kinder, das schmerzliche Loslassen des Kindes, das Nichtverstehen seines Weges. Doch auf diesen Pubertätskonflikt folgt wieder die Beschreibung eines Idealbildes:

> *»Jesus aber wuchs heran, und seine Weisheit nahm zu, und er fand Gefallen bei Gott und den Menschen.« (Lukas 2,52)*

Ideal und Realität wechseln sich ab. Beide Pole gehören zu Jesus, beide Pole gehören auch zu uns. Nur in der Spannung von Nähe und Distanz, von Verstehen und Nichtverstehen, von Gemeinschaft und Entfremdung wachsen wir in die Gestalt hinein, die Gott gefällt und die unserer inneren Schönheit (»charis«) entspricht.

Es ist eine kunstvolle Erzählung, mit der Lukas uns die Geschichte von der Geburt Jesu vor Augen führt. In den wenigen Anmerkungen, die ich dazu gemacht habe, möchte ich auf den begnadeten Schriftsteller Lukas neugierig machen. Lukas spricht in gleicher Weise jüdische wie griechische Leser an, er berührt jenseits aller religiösen und kulturellen Traditionen mit seinen Worten direkt das Herz der Menschen und weckt in ihnen eine Ahnung für das Geheimnis Gottes.

Lukas trägt nie zu dick auf. Er hat ein feines Gespür für die jeweilige Situation, die er schildert. Und er erzählt das Geschehen so, dass wir seine tiefere Bedeutung erahnen können. Nur verhalten und vorsichtig bietet er uns die Bilder an, damit wir durch sie hindurch auf den Grund des göttlichen Geheimnisses schauen können. Wir werden uns nie satt sehen an diesen Bildern. In jeder Situation werden uns neue Facetten der göttlichen Liebe aufgehen, wenn wir uns auf die Erzählung von der Geburt und Kindheit Jesu bei Lukas einlassen.

Lukas zeigt uns in den Personen, die er um das göttliche Kind in der Krippe beschreibt, wie wir auf das Geheimnis von Weihnachten reagieren sollen. Wie Zacharias sollen wir still werden, um für das Neue von Weihnachten offen zu werden. Wie Maria sollen wir uns auf die leisen Impulse einlassen, die der Engel immer wieder in uns aufsteigen lässt. Und wir sollen das Wort Gottes so in uns Wirklichkeit werden lassen, dass auch in uns Neues geboren wird und dass wir mit dem ursprünglichen Bild in Berührung kommen, das Gott sich von uns gemacht hat.

Wie Maria sollen wir das Geschehen außen und in unserem Herzen mit den Worten der Bibel zusammen sehen und zusammenbringen. Dann kann das Geheimnis von Weihnachten unser Leben verwandeln. Simeon und Hanna wollen uns die Augen öffnen, damit wir in diesem kleinen Kind in der Krippe das Licht Gottes sehen. So können wir auch mitten in unserem Alltag die Augenblicke erkennen, in denen das göttliche Licht in unserer Dunkelheit aufleuchtet und alles in uns und um uns herum erhellt.

Weihnachten und das Johannesevangelium

Johannes deutet das Geheimnis von Weihnachten im Prolog, mit dem er sein Evangelium beginnt. Er geht davon aus, dass man das Geheimnis der Menschwerdung Gottes nicht erzählen und auch nicht in rein theologischer Sprache zum Ausdruck bringen kann. Man kann davon nur ein Lied singen: einen Hymnus, der in Bildern das Geheimnis der Menschwerdung preist. Im Hymnus des Prologs kommt das Wesen johanneischer Theologie zum Vorschein. Was Johannes dort besingt, beschreibt er dann in seinem Evangelium in Bildern.

Das Licht kam in die Welt

Der Prolog des Johannesevangeliums ist wohl der schönste christliche Hymnus auf die Menschwerdung, den wir kennen. In ihm wird das Geheimnis der Menschwerdung beschrieben:

»Im Anfang war das Wort.« (Johannes 1,1)

Mit diesem Vers verfolgt Johannes die Herkunft Jesu bis in die Tiefen der Gottheit zurück. Dabei klingt das »im Anfang« des Schöpfungsberichtes aus dem Buch Genesis auf. Wenn im Anfang das Wort war, so bedeutet das auch, dass die ganze Schöpfung worthaft und vom Wort Gottes durchdrungen, das heißt auch für uns verstehbar ist. Die Schöpfung selbst ist schon Offenbarung der Herrlichkeit Gottes. In ihr drückt sich Gott für uns aus, in ihr zeigt er uns seine Herrlichkeit. Die Schöpfung ist das erste Wort Gottes. In ihr drückt sich das Wort aus, das in Jesus Mensch geworden ist. Wir können nicht auf Jesus schauen, ohne die Schöpfung mit in den Blick zu nehmen.

»In ihm war das Leben.« (Johannes 1,4)

Leben und Tod sind bei Johannes die zentralen Gegensätze. Die Frage ist, wie wir wirklich leben können. Viele Menschen leben nur an der Oberfläche, für sie besteht das Leben nur in Arbeiten und Essen, in Vergnügen und Abwechslung. Aber ein solches Leben ist für Johannes gleichbedeutend mit Tod.

Wahres Leben ist nur in Gott und aus Gott möglich. Die Sehnsucht nach Leben – nach ewigem Leben, nach Lebensqualität – ist heute genauso stark wie damals zur Zeit des Johannes. Wie gelingt Leben? Worin besteht Leben, das den Namen Leben wirklich verdient? Johannes zeigt uns, dass wir nur von Gott her wirklich lebendiger Mensch werden können. Gott selbst schenkt Leben, ja in ihm ist das Leben selbst.

Gotteserfahrung ist immer schon Erfahrung der eigenen Lebendigkeit. Leben ist für Johannes ein Strömen. Es hat immer mit einer Quelle zu tun, aus der es hervorsprudelt und von der es seine immerwährende Frische erhält. Letztlich ist es die Quelle Gottes selbst, aus der unser menschliches Leben heraus fließt und uns und die Welt befruchtet.

Licht und Finsternis sind – neben Leben und Tod – die beiden anderen Gegensätze bei Johannes. Viele Menschen tappen im Dunkeln. Sie leben ohne Sinn dahin. Leben und Licht gehören eng zusammen. Echtes Leben entsteht durch die richtige Einsicht. Wenn ich mich und die Welt so sehe, wie sie sind, vermag ich richtig zu leben.

Licht macht die Welt hell. Licht ermöglicht mir, zu sehen, durchzublicken und mich und mein Leben zu verstehen. Sehen heißt, nicht im Dunkeln zu tappen, sondern einen Weg für mich zu erkennen. Licht meint die Helligkeit, in der ich keine Angst habe und in der ich mich zurechtfinden kann. Deshalb bittet die fünfte O-Antiphon: »Komm und erleuchte, die da sitzen in Finsternis und im Schatten des Todes.«

Jesus ist das wahre Licht, das in diese Welt kommt. An Weihnachten feiern wir, dass in der Geburt Jesu das göttliche Licht unsere menschliche Finsternis erleuchtet. In den dunklen Abgründen unserer Seele will Jesus als Licht aufstrahlen, damit wir selbst den Mut haben, die ganze Wahrheit unserer Seele auszuleuchten.

Das Licht will uns erleuchten. Erleuchtung ist das Ziel jedes spirituellen Weges. Nach Erleuchtung sehnen sich die Menschen auch heute. Sie möchten »hinter die Kulissen schauen«, sie möchten den Dingen auf den Grund gehen, sie möchten durchblicken und klar sehen: Der Vorhang, der alles verbirgt, möge sich heben, damit wir die Wirklichkeit so sehen, wie sie ist, und damit wir im Licht leben können. Denn solange wir im Finstern leben, verstehen wir uns selbst nicht. Wir laufen in die Irre und verlieren uns selbst.

> *»Er kam in sein Eigentum, aber die Seinen nahmen ihn nicht auf.« (Johannes 1,11)*

In Jesus kam das wahre Licht in die Welt. Doch hier klingt schon an, dass viele Menschen Jesus nicht angenommen haben. Gerade die Seinen, die dem auserwählten Volk angehören, haben ihn nicht aufgenommen, sondern abgelehnt.

> *»Allen aber, die ihn aufnahmen, gab er Macht, Kinder Gottes zu werden, allen, die an seinen Namen glauben, die nicht aus dem Blut, nicht aus dem Willen des Fleisches, nicht aus dem Willen des Mannes, sondern aus Gott geboren sind.« (Johannes 1,12f)*

Wer Christus annimmt, der wird neu gezeugt und aus Gott geboren. Er definiert sich dann nicht mehr von der Welt, von seiner Lebensgeschichte oder von den Eltern her. Das Blut spielt für ihn keine Rolle mehr. Ihm geht es dann nicht um die rein natürliche Begabung, Abstammung und Familiengeschichte. Er bekommt seine Existenz nicht aus dem Willen des Fleisches, das heißt nicht bloß durch Zeugung. Wir sind in der Annahme des Wortes nicht nur Kinder unserer Eltern, sondern Kinder Gottes. In Gott sind wir frei von der Macht der Eltern und von der Macht der Welt. Wir definieren uns nicht mehr vom Urteil der

Menschen, sondern von Gott her. Aus Gott geboren zu sein ist die wahre Würde des Menschen. Sie befreit ihn von allen Verstrickungen in menschliche Beziehungen.

Der Hymnus gipfelt in dem Wort:

»Und das Wort ist Fleisch geworden und hat unter uns gewohnt.« (Johannes 1,14)

In diesem Wort liegt auch das Zentrum des Johannesevangeliums. Derjenige, der ganz Gott war, trat ein in den Bereich des Irdisch-Hinfälligen und wurde ganz Mensch. Er wurde Fleisch.

Fleisch ist Bild für das Irdisch-Gebundene, für das Hinfällig-Vergängliche und für das Hilflose. Es bezeichnet die Nichtigkeit menschlicher Existenz. Das Wohnungnehmen – oder genauer: Zelten – unter uns erinnert an den Tempel, in dem Gottes Herrlichkeit unter uns präsent ist. Das fleischgewordene Wort ersetzt den Tempel, er ist Ort unverhüllter Gegenwart Gottes in dieser Welt. Zelten erinnert zugleich daran, dass diese Welt für Jesus keine bleibende Stätte ist. Jesus war nur vorübergehend in dieser Welt. Jetzt ist er wieder in der Herrlichkeit Gottes.

Das hier verwendete griechische Wort für »zelten« – »eskenosen« – hat die gleichen Buchstaben wie das hebräische Wort »schekina«, welches das Wohnen Gottes unter den Menschen beschreibt. Es meint die heilende und befreiende Gegenwart Gottes in dieser Welt. Was damals geschehen ist, hat für immer die Welt verwandelt. Seither will Gott in jedem und jeder von uns Fleisch annehmen. Das Wichtigste wird nun angesprochen:

»Wir haben seine Herrlichkeit gesehen, die Herrlichkeit des einzigen Sohnes vom Vater, voll Gnade und Wahrheit.« (Johannes 1,14)

Wir schauen in diesem Menschen Jesus von Nazaret die Herrlichkeit. Johannes entwickelt hier keine Theologie, sondern er spricht von einer Erfahrung, die er und andere mit diesem Menschen Jesus gemacht haben. Das Schauen der Herrlichkeit hat etwas mit Kontemplation zu tun. Das lateinische »contemplari« bedeutet »schauen«. Hier kommt wieder der mystische Charakter des Johannesevangeliums zum Ausdruck: Indem ich auf den Menschen Jesus schaue, leuchtet mir Gottes Herrlichkeit entgegen. Ich schaue Gottes Schönheit aber gerade im Fleisch und in der geschichtlichen Person Jesu – nicht an dieser vorbei. Im Weltlichen, im Handeln und Reden Jesu leuchtet Gottes Herrlichkeit auf.

Die Offenbarung ist zugleich verhüllt. Im kontemplativen Schauen auf Jesus werde ich immer mehr in jene Herrlichkeit verwandelt, die Gott auch mir als seinem Sohn und seiner Tochter zugedacht hat. Das Schauen macht etwas mit mir: Es bringt mich mit meinem wahren und unverfälschten Bild in Berührung.

Das Johannesevangelium will uns auf die Frage Antwort geben, wie wir im Fleisch – in diesem konkreten Menschen Jesus – Gottes Herrlichkeit schauen können. Dies ist dann kein Schauen mit den natürlichen Augen des Leibes, sondern ein Schauen des Glaubens. Der Glaube macht sehend. Der Glaube besteht darin, im Fleisch Jesu Gott zu schauen.

Die Herrlichkeit des einzigen Sohnes vom Vater ist »voll Gnade und Wahrheit«. Mit diesem Ausdruck erinnert Johannes an die Erscheinung Jahwes am Sinai: Gott hat sich Mose offenbart als derjenige, der reich an Gnade und Treue ist. In Jesus neigt sich Gott freundlich und zärtlich uns Menschen zu.

Das griechische Wort »charis«, das mit »Gnade« übersetzt ist, meint ursprünglich eine Tat oder ein Verhalten, das Freude macht und beglückt. Und »charis« bezeichnet auch das Geschenk, mit dem uns Gott Freude macht. In Jesus bereitet uns

Gott eine unaussprechliche Freude, die uns nicht mehr genommen werden kann. Und in ihm erweist er uns seine zärtliche Liebe. In Jesus wird Gottes Zuverlässigkeit und Treue uns gegenüber erfahrbar.

Johannes übersetzt das hebräische Wort für Treue mit dem griechischen »aletheia«, das wir im Deutschen mit »Wahrheit« wiedergeben. Wahrheit meint im Griechischen, dass der Schleier weggezogen wird, der über der Wirklichkeit liegt und sie verstellt. »Aletheia« bezeichnet die göttliche Wirklichkeit. In Jesus wird der Schleier entfernt, der uns das Wesen unseres Menschseins verdunkelt. In ihm erkennen wir nun, wer wir wirklich sind. In Jesus erkennen wir unsere Ursprünglichkeit. Und wir erkennen in ihm Gott, den Grund allen Seins, den Urgrund unserer menschlichen Existenz.

Die Buddhisten sagen: »Die Wahrheit ist.« Sie ist einfach da. Sie ist die unverstellte Wirklichkeit. Jesus will uns die Augen öffnen, damit wir die Welt wahrnehmen, wie sie ist, damit wir in ihr und in jedem Menschen die göttliche Wirklichkeit erkennen. Jeder Mensch spiegelt Gottes Antlitz wider. Und in der Schöpfung leuchtet Gott selbst auf, wenn wir den Schleier wegnehmen, der auf allem liegt. Im Schauen hinter den Schleier besteht das Geheimnis der Kontemplation. Davon hängt das Gelingen unseres Lebens ab.

»Niemand hat Gott je gesehen. Der Einzige, der Gott ist und am Herzen des Vaters ruht, er hat Kunde gebracht.« (Johannes 1,18)

In diesem Jubelruf kommt der Hymnus zu seinem Höhepunkt. Niemand von uns Menschen kann Gott sehen. Auch Mose hat ihn nicht wirklich gesehen, sondern nur seinen Rücken. (Vgl. Exodus 33,18–25)

Jesus ist der einzige, der Gott wirklich gesehen hat, weil er selbst Gott ist. Er ruht am Herzen des Vaters. Er ist in einer ganz intimen Beziehung zum Vater. Er hat uns Gott geoffenbart und ihn sichtbar werden lassen. In Jesus schauen wir Menschen Gott in seiner ewigen Liebe. In ihm werden wir hineingenommen in die Intimität mit dem Vater. In Jesus ruhen wir gleichsam am Herzen des Vaters. Dadurch wird unser Leben erleuchtet.

Wenn wir vom Prolog des Johannesevangeliums auf Weihnachten schauen, dann bedeutet dies: Indem wir auf das Kind in der Krippe schauen, werden wir vom Licht und von der Liebe Gottes erfüllt. Wir schauen in diesem Kind Gottes Herrlichkeit. Aber Weihnachten bedeutet auch, dass wir uns selbst und die Menschen um uns herum mit anderen Augen anschauen können. Auch in ihnen leuchtet Gottes Herrlichkeit auf, weil Gott in Jesus Mensch geworden ist und dadurch alle Menschen mit seinem Licht erfüllt hat.

Weihnachten ist nicht nur ein mystisches Geschehen zwischen uns und Gott, sondern auch Herausforderung, uns mit anderen Augen anzuschauen und auf neue Weise einander zu begegnen. Die Menschwerdung Gottes ist der Grund, warum wir Menschen uns an Weihnachten danach sehnen, einander liebevoll anzunehmen und in Frieden miteinander zu leben.

Himmelsleiter und Hochzeit zu Kana

Das Geheimnis von Weihnachten wird nicht nur im Prolog des Johannes sichtbar, sondern leuchtet immer wieder in Bildern auf, die sein Evangelium durchziehen. Ich möchte nur zwei Bilder herausgreifen, die uns Weihnachten erschließen können.

Das eine Bild ist das Bild der Himmelsleiter. Johannes beschreibt, wie die Jünger allmählich zu Jesus finden. Bei allen Berufungen geht es um das Schauen. Die Jünger sollen kommen und schauen, wie und wo Jesus lebt. In Jesus werden sie Gottes Herrlichkeit sehen. Auf dieses Schauen weist Jesus selbst hin:

> *»Amen, amen, ich sage euch: Ihr werdet den Himmel geöffnet und die Engel Gottes auf- und niedersteigen sehen über dem Menschensohn.« (Johannes 1,51)*

Die Himmelsleiter des alttestamentlichen Jakob wurde in der spirituellen Tradition immer als ein Bild für die Kontemplation gesehen. Was Jakob damals geschaut hat, das erfüllt sich in Jesus Christus. In Jesus öffnet sich der Himmel über unserem Leben. Wir erkennen in ihm die Verbindung von Himmel und Erde, von Gott und Mensch. Dadurch werden wir gesegnet – wie einst Jakob.

Jesus will uns in das Geheimnis Gottes einweihen. So wird das Bild von der Himmelsleiter zum Schlüssel, wie wir das Evangelium lesen sollen. An Weihnachten öffnet sich der Himmel, und Engel steigen zwischen Gott und uns auf und nieder. Weihnachten ist die Erfüllung der Verheißung, die Gott dem Jakob gegeben hat:

»Ich bin mit dir, ich behüte dich, wohin du auch gehst ... Ich verlasse dich nicht, bis ich vollbringe, was ich dir versprochen habe.« (Genesis 28,15)

Weihnachten ist die Verheißung, dass unser Leben gelingen wird. Gott wird mit uns alle Wege gehen, bis unsere Wege in das Land einmünden, das er uns verheißen hat. In diesem Land sind wir wahrhaft wir selbst und werden wie Jesus Christus ganz und gar Licht.

Nach der Berufung der Jünger zeigt Johannes in einem anderen Bild, was das Geheimnis von Weihnachten für uns bedeutet. Die Erzählung von der Hochzeit zu Kana will uns mehr sagen, als dass Jesus gerne auf Hochzeiten ging und mit den Menschen gefeiert hat. Alles, was hier berichtet wird, hat eine symbolische Bedeutung. Das beginnt mit der Einleitung:

»Am dritten Tag fand in Kana in Galiläa eine Hochzeit statt, und die Mutter Jesu war dabei.« (Johannes 2,1)

Johannes hat seit dem Auftreten Johannes des Täufers drei Mal einen Abschnitt mit »Am Tag darauf« eingeleitet (1,29.35.43). Der dritte Tag nach den vier Tagen, die Johannes bisher berichtet hat, ist demnach der Sabbat. An ihm vollendet sich die Schöpfung.

Die Hochzeit zu Kana beschreibt das Geheimnis der Menschwerdung Gottes in Jesus Christus. In Jesus wird der Mensch wieder so hergestellt, wie er in der Schöpfung ursprünglich gedacht war. Zugleich erinnert der dritte Tag an den Tag der Auferstehung. In der Auferstehung Jesu wird unser Leben verwandelt und mit göttlichem Wein erfüllt. In Jesus feiert Gott Hochzeit zwischen sich und den Menschen. So wie Mann und Frau sich miteinander verbinden, so wird in der Menschwerdung und der Auferstehung Jesu der Mensch mit Gott eins.

Den Menschen ist der Wein ausgegangen. Sie wollen Hochzeit feiern. Aber es gelingt ihnen nicht. Sie haben keine Liebe mehr. Sie sind unfähig zur Liebe. Darin besteht die Not der Menschen. Es geht dem Evangelisten Johannes hier nicht in erster Linie um die Erlösung aus der Schuld, sondern um die Befreiung aus der Unfähigkeit zu lieben. Es sind nur sechs steinerne Wasserkrüge dort in Kana. Sechs ist immer die Zahl der Unvollkommenheit. Das Leben der Mensch ist unvollkommen. Es ist nur Arbeit, Mühe und Plage. Und es ist erstarrt, wie es die steinernen Krüge symbolisieren. Das Wasser in diesen Krügen dient zur Reinigung. Doch die wahre Reinigung geschieht nicht durch die alten Riten, sondern durch die Menschwerdung Jesu. In ihr hat Gott den Menschen gereinigt und in seiner ursprünglichen Schönheit wiederhergestellt.

Die Mutter Jesu war auch bei der Hochzeit. Sie hat im Johannesevangelium nur hier zu Beginn des Wirkens Jesu und am Ende unter dem Kreuz eine wichtige Funktion. Auch darin wird eine tiefe Symbolik sichtbar. Die Mutter Jesu setzt das Wandlungswunder in Gang. Sie hat das Wunder der Menschwerdung durch die Geburt ihres Sohnes ermöglicht. Sie ist die Pforte, durch die Jesus zu den Menschen schreitet. Sie führt ihn bei den Menschen ein. Maria spürt als Erste den Mangel. Sie weist Jesus auf den ausgegangenen Wein hin. Jesus scheint seine Mutter sehr distanziert anzusprechen:

> *»Was willst du von mir, Frau? Meine Stunde ist noch nicht gekommen.« (Johannes 2,4)*

Johannes schildert hier nicht die persönliche Beziehung Jesu zu seiner Mutter. Ihm geht es vielmehr um den Vorbehalt, den

Jesus dem Weinwunder gegenüber hat. Seine Stunde ist noch nicht gekommen. Seine Stunde ist die Stunde seiner Verherrlichung am Kreuz und in der Auferstehung. Wenn seine Stunde gekommen ist, dann erst gibt er den Wein in Fülle.

Jesus selbst ist der Wein, der das Herz des Menschen erfreut. In der Stunde seines Todes wird er sein Herz für uns öffnen. Dann können wir den Wein trinken, der aus seinem Herzen strömt. Der wahre Wein ist die Liebe Gottes, die aus dem geöffneten Herzen Jesu kommt. Maria versteht die Antwort Jesu bei der Hochzeit von Kana auch nicht als Zurückweisung. Sie glaubt vielmehr an ihren Sohn. Sie glaubt an seine verwandelnde Liebe schon vor dem Zeichen, das er im Weinwunder setzt. Die Jünger glauben erst nach dem Zeichen. (Vgl. Johannes 2,11)

Weihnachten heißt – so sagt uns dieses Bild von der Hochzeit zu Kana –, dass Gott mit uns in der Menschwerdung seines Sohnes Hochzeit feiert. Dadurch bekommt unser Leben einen neuen Geschmack: den süßen Geschmack des Weines. Wir spüren dann in unserem Leib nicht nur den Atem und das Blut, das zirkuliert, sondern die Liebe Gottes, die uns durchströmt. Das ist Grund genug, zu feiern und uns miteinander über diesen neuen Geschmack des Lebens zu freuen. So sollen wir auch miteinander Hochzeit feiern und uns – in der Feier der Eucharistie, aber auch im feierlichen Mahl in der Familie – des neuen Lebens und der neuen Liebe erfreuen, die uns erfüllt.

In der frühen Kirche wurde das Evangelium von der Hochzeit zu Kana am Fest Epiphanie am 6. Januar vorgelesen – neben der Erzählung vom Zug der Weisen an die Krippe. Die Kirche hat damit offensichtlich auf einen heidnischen Ritus des Dionysoskults geantwortet und ihn christlich »getauft«. Am Vorabend des Dionysosfestes – in der Nacht vom 5. auf den 6. Januar – stellte man in Elis im Nordwesten der Halbinsel Peloponnes drei leere Krüge im Tempel auf, die dann am anderen Morgen voll Wein waren.

Die frühe Kirche sah in Jesus die Erfüllung der dionysischen Sehnsucht nach Ekstase, nach Rausch und nach Verwandlung. Jesus ist nicht der Asket wie der Täufer Johannes, der nur Verzicht predigt. Er bringt die Fülle des Lebens. Er schenkt uns einen neuen Geschmack. Dionysos war auch der Gott der Liebe und der Sexualität. Was die Menschen sich von der Sexualität und von der Liebe ersehnen, das wird in Jesus erfüllt. In ihm ist Gottes Liebe sichtbar, berührbar und gleichsam trinkbar geworden. Sie gibt unserem Leben einen neuen und berauschenden Geschmack. Jesus ist nicht Gegensatz zu Dionysos – wie es Friedrich Nietzsche gesehen hat –, sondern die Erfüllung des Dionysos und der Sehnsucht nach Ekstase, für die er steht.

Friedrich Hölderlin hat zu Recht versucht, Dionysos und Jesus zusammen zu sehen, die Sehnsucht nach ekstatischer Liebe und die Sehnsucht nach der Kontemplation, in der Gottes Herrlichkeit und Liebe in das Herz des Menschen strömt, zu verbinden. Weihnachten ist das Fest, an dem die Liebe Gottes uns durchdringt und uns in eine ähnlich ekstatische Stimmung bringt, wie es damals der Dionysoskult getan hat. Doch wir brauchen uns nicht zu betrinken. Wir feiern die Verwandlung durch die göttliche Liebe, die wie Wein unser Herz erfreut.

Weihnachten im Titusbrief

In der Hirtenmesse an Weihnachten wird ein wunderbarer Text aus dem Titusbrief vorgelesen:

»Erschienen ist die Güte und Menschenfreundlichkeit Gottes, unseres Retters.« (Titus 3,4)

Der Titusbrief beschreibt hier das Geheimnis von Weihnachten in Bildern und Begriffen, die für die Griechen verständlich waren. Er übersetzt die Weihnachtsbotschaft für Menschen, die mit romantischen Bildern wenig anfangen können und die wissen wollen, worauf sie setzen und woraus sie leben können.

Die »Philanthropia«, die Menschenliebe Gottes, war für die griechische Philosophie ein wichtiges Ideal. Gottes Liebe zu den Menschen ist in dem Kind in der Krippe sichtbar geworden. Die Lateiner übersetzten »Philanthropia« mit »humanitas dei«, mit »Menschlichkeit Gottes«. Damit setzen sie einen anderen Akzent. In Jesus Christus ist der wahre Mensch erschienen, das ursprüngliche und unverfälschte Antlitz des Menschen ist uns in Jesus aufgeleuchtet. Es geschah eine Epiphanie.

Epiphanie war im Altertum ein wichtiger Begriff, mit dem man entweder das plötzliche Erscheinen einer Gottheit auf Erden oder auch das Erscheinen des Kaisers beschrieben hat. Immer wenn der Kaiser in einer Stadt einen Besuch machte, sprach man von Epiphanie. Sie führte oft dazu, dass der Kaiser der Stadt besondere Gnaden erwies – wie die Amnestie für Gefangene oder die Senkung von Steuern. Gegenüber diesen weltlichen Vergünstigungen ist uns in Jesus die Güte und Menschenfreundlichkeit Gottes selbst erschienen. In dieser Epiphanie befreit uns Gott aus unseren inneren Zwängen. In der Menschwerdung erweist uns Gott selbst seine Gnade. Diese Gnade heilt und verwandelt uns.

»Sotér« – »Retter« – das war für die Griechen ein wichtiger Begriff. Retten bedeutet, heil und ganz zu machen. Die größte Not für die Griechen war die Erfahrung der inneren Zerrissenheit. In Jesus macht Gott uns heil. Er schafft uns neu, er verbindet in uns, was durch eine falsche Lebensführung zerbrochen ist.

In Jesus rettet uns Gott aus dem Verderben. Die Menschen erlebten die damalige Welt als korrupt, verdorben und verloren. Es war die ausgehende Antike. Was früher einmal galt, hatte seine Gültigkeit verloren. Es war kein Verlass mehr auf Ordnung und Recht. Alles fiel auseinander. In dieser verlorenen Welt ist die Geburt Jesu die Verheißung, dass Gott einen neuen Anfang in uns setzt. In Jesus, dem Retter, ist Gottes Gnade sichtbar erschienen, damit wir fähig sind, wahrhaft Mensch zu werden. Die Welt sehnt sich auch heute danach, dass das wahre Bild vom Menschen aufleuchtet. Wenn das gelingt, dann geht es dieser Welt besser, dann wird sie heiler, dann ist sie gerettet.

Der Titusbrief hat noch eine andere wunderbare Stelle, in der er von der Erscheinung Jesu Christi spricht und die in der Heiligen Nacht vorgetragen wird. Aber hier verbindet der Autor das Geheimnis der Menschwerdung Gottes in Jesus Christus mit der Aufgabe Jesu als Erzieher, als »paidagogos«.

Jesus ist der große Pädagoge. Er erzieht uns zum wahren Leben. Er führt uns aus falschen Lebensmustern und krankmachenden Abhängigkeiten heraus, damit unser Leben gelingt. Das wird deutlich in den Worten:

> *»Die Gnade Gottes ist erschienen, um alle Menschen zu retten. Sie erzieht uns dazu, uns von der Gottlosigkeit und den irdischen Begierden loszusagen und besonnen, gerecht und fromm in dieser Welt zu leben, während wir auf die selige Erfüllung unserer Hoffnung warten: auf das Erscheinen der Herrlichkeit unseres großen Gottes und Retters Christus Jesus.« (Titus 2,11–13)*

Die erlösende und rettende Gnade Gottes ist in Jesus Christus erschienen. Die Epiphanie ist ein Einbruch des Göttlichen in diese Welt. In Jesus Christus ist Gott selbst in unsere Welt eingedrungen. Er ist sichtbar geworden, um uns zu retten und zu heilen. Die Rettung aber geschieht in der Erziehung zu einem angemessenen Leben.

Jesus heilt unser Leben, indem er uns zu einem Leben erzieht, das unserem wahren Wesen entspricht. Pädagogik ist in der griechischen Kultur ein hoher Wert. Die Seele, die gebildet ist, macht den Menschen glücklich. Die griechischen Philosophen strebten danach, den Menschen zu bilden, damit das Bild Gottes sich immer mehr in ihn einprägt und er seinem wahren Wesen entspricht. Jesus ist für den Titusbrief der große Pädagoge, der die Sehnsucht der Griechen nach wahrer Menschenbildung erfüllt.

Am Anfang dieser Erziehung aber steht die Absage an die Gottlosigkeit und die irdischen Begierden. Die Gottlosigkeit meint nicht unseren heutigen Atheismus, der gar nicht an Gott glaubt, sondern eine Haltung, die keine Ehrfurcht vor Gott hat und der nichts heilig ist. Die Kirchenväter verstehen unter den irdischen Begierden die typischen Vergnügungen der ausgehenden Antike wie Zirkusvorführungen, Pferderennen, Umzüge mit Götzenbildern. Die frühen Christen sahen in diesen aufreizenden Vergnügungen Zeichen der Dekadenz und des mangelnden Gespürs für die menschliche Würde. Bei diesen Vergnügungen ging es nur noch um ein voyeuristisches Zurschaustellen und Konsumieren von Gewalt, Sexualität und Sensationen. Sie sind Ausdruck einer Lebensweise, die zum Verderben führt und die den Menschen daran hindert, seine göttliche Würde zu leben. Das Zeitalter von Fernsehen und Internet gleicht der ausgehenden Antike. Auch heute gibt es Menschen, die ihr Leben nur in der Zuschauerrolle verbringen, anstatt wirklich zu leben.

Das Leben, zu dem uns Jesus erziehen und retten will, besteht in Besonnenheit, Gerechtigkeit und Frömmigkeit. Dies sind drei der vier griechischen Kardinaltugenden, die der Mensch braucht, damit sein Leben gelingt. Statt der vierten Tugend, der Tapferkeit, spricht der Autor vom Warten »auf die selige Erfüllung unserer Hoffnung«. Offensichtlich ermöglicht das Warten auf die Erfüllung unserer Hoffnung in der Ankunft Jesu Christi den Christen ein Leben der Tapferkeit, mit der sie den gegenwärtigen Bedrängnissen standhalten.

Die Christen – so meint der Titusbrief – zeigen durch ein besonnenes (kluges), gerechtes (richtiges, angemessenes) und frommes (von Gott geprägtes) Leben, dass sie in die Schule des großen Retters und Heilands Jesus Christus gegangen sind und dass sie sich vom Geist Jesu bestimmen lassen. Das Heil, das Jesu Geburt bringt, drückt sich in einem Verhalten aus, das dem Idealbild der griechischen Philosophie entspricht. In der Art und Weise, wie die Christen leben, werden das Heil und die Heilung des Menschen durch Jesus Christus auch für die Umwelt sichtbar und erfahrbar.

Das ist auch heute für uns eine Herausforderung: Sehen die Menschen an unserer Lebensweise, dass wir aus einer anderen, einer göttlichen Quelle leben und innerlich von Gier und Sucht befreit sind? Weihnachten verlangt nach christlicher Lebenskultur und Lebenskunst, die in dieser Welt aufleuchten.

An Weihnachten 1939 hat der sterbenskranke katholische Philosoph und Nazigegner Peter Wust seinen Schülern auf die Frage, was ihm die wichtigste Botschaft von Weihnachten sei, geantwortet: »Apparuit benignitas et humanitas Salvatoris nostri Dei« – »Erschienen ist die Güte und Menschenfreundlichkeit Gottes, unseres Retters.« Gegenüber den Verfälschungen des Menschenbildes durch die Nationalsozialisten setzt Peter Wust auf das Bild des wahren Menschen, das in Jesus erschienen ist.

Auch heute wäre das eine wichtige Botschaft, die uns das Weihnachtsfest verkünden möchte: In Jesus sehen wir den wahren Menschen. Wir sollen dieses Bild immer mehr in uns einbilden, so dass wir selbst in dieses Bild verwandelt werden. Dies wäre nicht nur für uns selbst heilsam, sondern auch für unsere Gesellschaft. Dort werden so viele falsche Bilder des Menschen propagiert, dass wir uns nach dem wahren Menschen sehnen: nach der Menschenfreundlichkeit, wie sie uns in Jesus Christus erschienen ist und uns auch heute immer neu erscheinen will.

Weihnachten im Hebräerbrief

Im Hauptgottesdienst an Weihnachten wird der Beginn des Hebräerbriefes als Lesung vorgetragen. Dort ist davon die Rede, dass Gott immer wieder durch die Propheten gesprochen hat, dass er jetzt aber zu uns durch den Sohn gesprochen hat. Und dann beschreibt der Autor das Wesen und die Aufgabe des Sohnes. Es ist der Sohn, den Gott

> *»zum Erben des Alls eingesetzt und durch den er auch die Welt erschaffen hat; er ist der Abglanz seiner Herrlichkeit und das Abbild seines Wesens; er hat die Reinigung von den Sünden bewirkt und sich dann zur Rechten der Majestät in der Höhe gesetzt« (Hebräer 1,1–3).*

In diesen Sätzen drückt der Autor ähnliche Aspekte aus, wie sie Johannes in seinem Prolog entfaltet hat. Durch den Sohn hat Gott die Welt erschaffen. Der Sohn ist Abglanz von Gottes Herrlichkeit. Die Kirchenväter haben dieses Bild so gedeutet: Jesus ist Licht aus dem Licht Gottes. Er spiegelt Gottes Herrlichkeit in dieser Welt wider. Und er ist Abbild von Gottes Wesen.

Hier ist das Bild des Stempels verwendet, das vom Original einen Abdruck macht. Wie der Siegelabdruck die Züge des Prägstocks wiedergibt, so gibt Jesus das Wesen Gottes wieder.

In ihm erkennen wir Gott. Gott benutzt gleichsam die menschliche Natur Jesu als Stempel, damit sein Wesen in dieser Welt für die Menschen sichtbar wird. Gott selbst prägt sich in die menschliche Natur ein. Und Jesus strahlt nun Gottes Licht und Herrlichkeit in dieser Welt aus.

Zum Wesen des Sohnes gehört aber nicht nur, dass er Abglanz und Abbild Gottes ist, sondern auch, dass er das All durch sein machtvolles Wort trägt. Er hält gleichsam die Welt durch sein Wort, das voller Kraft ist, zusammen. Der menschgewordene Sohn Gottes ist der Garant dafür, dass diese Welt nicht auseinanderfällt, sondern Bestand hat. Die Welt hat durch Weihnachten eine andere Dimension bekommen. Sie strebt nicht mehr auseinander, sondern sie hat ein Band, das sie zusammenhält: Christus, den Sohn Gottes, der in die Schöpfung gekommen ist, um sie zu heilen und sie zu bewahren. Die Menschwerdung hat für den Hebräerbrief demnach auch eine kosmische Bedeutung.

Nach dieser Wesensbeschreibung Jesu sagt der Autor, was Jesus für uns Menschen getan hat. Sein Werk besteht in der Reinigung von den Sünden. Er wäscht sie gleichsam ab, so dass sie uns nicht mehr anhaften. Dieses befreiende Bild ist aus den Reinigungsriten genommen, wie sie alle Religionen kennen. Jesus hat die Sünden ein für alle Mal weggewischt. Sie haften uns nicht mehr an. Dieses Werk hat er im Kreuzestod vollendet.

Und dann setzt sich Jesus zur Rechten Gottes. Er, der menschgewordene Sohn Gottes, wird nun unser Anwalt, der für uns eintritt. Wir Menschen haben einen aus unserer Mitte, der bei Gott ist und unsere Sache bei Gott vertritt. Das Werk Jesu setzt sich in seiner Fürbitte für uns Menschen fort.

Einer aus unserer Mitte ist bei Gott und tritt für uns ein: Das gibt den Lesern des Hebräerbriefes neuen Mut. Der Autor wollte den im Glauben müde gewordenen Christen durch eine neue Sicht auf Jesus wieder Mut machen und sie aufrichten. Der Blick auf den, der für uns bei Gott ist, soll uns von allen Lasten, von unseren Lebensmustern und von unserer Resignation freimachen, die wir mit uns herumschleppen:

> *»Lasst uns mit Ausdauer in dem Wettkampf laufen, der uns aufgetragen ist, und dabei auf Jesus blicken, den Urheber und Vollender des Glaubens; er hat angesichts der vor ihm liegenden Freude das Kreuz auf sich genommen, ohne auf die Schande zu achten, und sich zur Rechten von Gottes Thron gesetzt.« (Hebräerbrief 12,1f)*

Der Blick auf den Sohn, der als Mensch den Wettkampf unseres Lebens erfolgreich bestanden hat und nun gleichsam auf dem Siegerthron sitzt, soll auch uns anfeuern, weiterzukämpfen. Jesus ist der Urheber, der Anführer im Glauben. Er geht uns im Glauben voran, und er vollendet den Glauben und bringt ihn an sein Ziel. Der Blick auf Jesus soll unseren Glauben stärken, damit auch unser Leben gelingt und wir voller Eifer den Wettlauf unseres Lebens bestehen und mit Jesu Hilfe sicher und freudig ans Ziel gelangen.

Weihnachten feiern wir im Sinne des Hebräerbriefes, wenn wir unsere Welt mit anderen Augen anschauen. Das gilt vor allem für die Schöpfung. Die Natur ist durch die Menschwerdung Gottes verwandelt worden. Überall sehen wir in ihr nun auch den Abglanz von Gottes Herrlichkeit.

Jesus ist in die Schöpfung eingegangen, damit sie uns nicht als Gegner gegenübersteht – wie wir es manchmal in den Naturkatastrophen erleben –, sondern als ein Ort, an dem wir Gott selbst begegnen. Und Jesus ist derjenige, in dem Gott heute zu uns spricht. Weihnachten heißt, auf die Stimme Gottes zu hören: Was will er mir heute durch seinen Sohn Jesus Christus sagen? Das Wort, das uns Jesus verkündet, ist für den Hebräerbrief immer ein Wort des Vertrauens, der Hoffnung und der Zuversicht. Diese Worte tun uns heute gut, da uns so viele andere Worte gesagt werden.

Das unerschöpfliche Geheimnis von Weihnachten

Wir haben nun im zweiten Teil dieses Buches die Deutung von Weihnachten bei fünf Autoren des Neuen Testamentes meditiert und uns gefragt, was die alten Texte uns heute sagen möchten. Die fünf verschiedenen Deutungen haben uns gezeigt, dass wir Weihnachten von verschiedenen Gesichtspunkten aus betrachten können.

Nicht jedem wird jede Sichtweise immer entsprechen. Aber die Vielfalt der Deutungen ermöglicht es uns auch, dem zu trauen, was unser Herz uns an jedem Weihnachtsfest neu sagen will.

Manchmal zieht es uns zu den vertrauten Texten des Lukasevangeliums. Sie erinnern uns am meisten an jene Weihnachtsfeste, die wir als Kinder gefeiert haben. Und wir vernehmen den Lukastext im Weihnachtsoratorium von Johann Sebastian Bach. Auch in vielen Weihnachtsliedern werden Anklänge an Lukas hörbar.

Doch manchmal ist uns nach anderen Deutungen zumute. Dann wollen wir etwa mit Matthäus Weihnachten als Heilung unserer Lebensgeschichte verstehen. Oder wir wollen uns mit Johannes in das unerschöpfliche Geheimnis der Menschwerdung Gottes hineinmeditieren.

Ich persönlich kenne verschiedene Zugänge zum Weihnachtsgeheimnis. Ich lese die biblischen Texte. Ich höre das Weihnachtsoratorium von Bach und den weihnachtlichen Teil des Oratoriums »Der Messias« von Georg Friedrich Händel. Händel deutet Weihnachten von alttestamentlichen Texten her. Das ist auch eine interessante Sichtweise, Weihnachten zu verstehen. Oder ich schaue die Weihnachtsbilder an, die Künstler im Laufe der letzten tausend Jahre gemalt haben, und meditiere mich in ihre Deutung des Weihnachtsgeschehens hinein.

Dann aber frage ich immer wieder mit Johannes: Was bedeutet es wirklich, dass Gott Mensch geworden ist? Wie sehe ich mich und die Welt, wenn es stimmt, dass Gott in diese Welt eingetreten und sich für immer mit ihr verbunden hat? Ich versuche dann, nicht nur meinen Verstand zufriedenzustellen, sondern ich schaue auch in die Tiefe meiner Seele hinein: Was tauchen dort für Ahnungen davon auf, was Weihnachten für mich bedeutet? Und ich verbinde diese Ahnungen mit den Worten aus dem Johannesevangelium.

Und dann spricht mich wieder der Text aus dem Titusbrief an, dass Gottes Menschenfreundlichkeit in Jesus erschienen ist. Wenn ich den Abschiedsbrief von Peter Wust an seine Schüler lese, geht mir die Aktualität dieses Textes auf. Und dann sehe ich Weihnachten nicht nur durch die Brille des Titusbriefes, sondern auch mit den Augen dieses ehrlichen Philosophen, der in einer aufgewühlten Zeit nach dem richtigen Menschenbild suchte und um seinen Glauben rang.

Wenn ich an Weihnachten durch die Natur gehe und – je nachdem, ob sie noch grün oder von weißem Schnee bedeckt und still geworden ist – mich in die Natur hineinmeditiere, dann wird mir die Aussage des Hebräerbriefs wichtig, dass die Menschwerdung die ganze Schöpfung berührt und verwandelt hat. Überall dort, wo ich gehe, begegne ich Jesus Christus, der den Abglanz von Gottes Herrlichkeit in die Natur eingeprägt und »hineingestempelt« hat. Wir können das Geheimnis der Menschwerdung Gottes in Jesus Christus nie genügend meditieren. Uns werden immer wieder neue Aspekte aufgehen.

Ein Geheimnis zeichnet sich gerade dadurch aus, dass es unerschöpflich ist. Das Geheimnis von Weihnachten ist unerschöpflich. Auch wenn ich schon oft an Weihnachten gepredigt und darüber in Büchern geschrieben habe, komme ich nie an ein Ende. Immer wieder frage ich mich von Neuem: Was heißt es wirklich, dass Gott Mensch geworden ist, dass Gott als Kind in die Geschichte eingetreten ist? Wie kann ich verstehen, dass Gott einer von uns geworden ist, ein menschliches Antlitz angenommen hat und in einem Menschen sichtbar wird?

Die fünf biblischen Autoren, die wir in diesem Buch angeschaut haben, verkünden die Botschaft von Weihnachten jeweils in einen anderen Horizont hinein. Sie haben verschiedene Menschen mit jeweils anderen Sichtweisen im Blick. Sie sprechen deren Sehnsüchte an. Weihnachten erfüllt unser aller Sehnsucht nach Geborgenheit und Heimat, nach Glück und Gelingen des Lebens, nach Licht und nach einer Liebe, die unsere brüchige Liebe verwandelt. Und Weihnachten erfüllt unsere Sehnsucht nach einem neuen Anfang. Weihnachten hilft, dass wir das Vergangene loslassen und uns mit neuer Lebendigkeit der Zukunft widmen können. Denn wir sind nun nicht mehr uns selbst überlassen. Gott selbst ist in unsere Geschichte getreten und hat mit uns einen neuen Anfang gesetzt. Und Gott bleibt bei uns. Er ist der Immanuel, der Gott mit uns.

So begleitet uns Weihnachten durch das Jahr hindurch. An Weihnachten feiern wir, was wir an jedem Tag des Jahres vertrauend bekennen dürfen: Ich bin nicht allein. Gott ist mit mir. Gott ist in mir. Sein göttliches Leben, seine göttliche Liebe ist in mir und verwandelt mein Leben.

Die heilende Kraft der Gleichnisse

Anselm Grün
Jesus als Therapeut
Die heilende Kraft der Gleichnisse

159 Seiten,
gebunden mit Schutzumschlag
ISBN 978-3-89680-491-4
16,90 € / 17,40 € (A) / 25,90 sFr

Die Bibel überliefert uns heilende Worte in den Gleichnissen und Heilungsgeschichten. Sie wollen unsere Augen öffnen für einen neuen Blickwinkel auf unser Leben. Jesus zeigt uns einen Weg, schwere Erfahrungen des Lebens zu verarbeiten.

Der Benediktinerpater und erfahrene Seelsorger Anselm Grün meditiert diese heilsamen Worte und beschreibt ihre wirksamen Bilder, die unsere Seele berühren und unsere inneren Wunden wandeln können. So helfen uns die Worte der Bibel dabei, uns von krankmachenden Selbstbildern zu befreien und uns selbst besser kennenzulernen.